| 예비 교사를 위한 |

곡선 이야기

변지수 지음

KM 경문사

머리말

사범대학에서 교사를 꿈꾸는 학생들에게 미분기하학를 여러 해 가르치면서 적합한 교재 찾기를 거듭하였다. 수학교육과에서 교사를 꿈꾸는 학생들에게 가장 필요한 지식은 임용시험에 관계된 내용이다. 그러나 학생들이 요구하는 내용이 충실히 반영되어 있으면서도 쉽게 쓰여진 책을 구하기 어려웠다. 대표적인 교재로 널리 알려진 O'Neill의 《미분기하학》(이승훈 · 한동숭 옮김, 경문사) 등을 채택하여 강의했지만 학생들이 접근하기 어려운 내용 혹은 교수가 설명을 해야할 필요를 못 느끼는 부분이 많았다. 수학과에서 사용하는 미분기하학 교재에서 군살을 빼고 예비교사를 위한 중요한 내용만 모아놓은 교재가 절실하였으나 찾지 못하고 결국은 본서를 집필하게 되었다.

미분기하학은 크게 두 가지 기하적인 대상체를 다룬다. 하나는 곡선(Curve)이고 다른 하나는 곡면(Surface)이다. 이 책은 곡선만을 다루고자 한다. 또한 다음 사항을 염두에 두고 저술하였다.

첫째, 학생이 읽기 쉽게, 이해하기 쉽게 구성하고자 노력하였다. 특히 임용시험을 준비하는 학생이라면 꼭 필요한 내용 즉 곡선에 대한 뼈대로 구성하였다. 많은 내용을 다루기보다 핵심을 다룸으로써 기하학이 무엇인지에 대한 학생의 통찰력이 높아지기를 기대했다. 이런 목적에 부합되도록 선형대수학 혹은 해석학 내용에서 필요한 내용은 부록으로 편성하였다. 또 평면곡선의 곡률에 대한 내용도 부록으로 편성하여 공간곡선의 이론 전개에 방해가 되지 않도록 하였다.

둘째, 이 책은 거꾸로 학습(Flipped Learning)의 교재로 제작되었다. 거꾸로 학습은 수업 이전에 동영상 및 멀티미디어를 활용하여 이론적인 공부를 하고 수업 시간에는 조별 활동 및 다양한 활동을 수행하며 학생 스스로 학습하도록 디자인된 수업 방식이다. 저자는 2015년부터 수학교육과 학생들에게 거꾸로 수업을 시행하고 있다. 거꾸로 수업의 핵심은 수업 활동이다. 조별 활동 혹은 발표, 문제풀이 등의 다양한 활동은 학생들이 도전 및 접근 가능한 정도의 과제로 구성되어야 한다. 각 절마다 활동문제를 배치하였으며 이런한 문제들은 거꾸로 수업 조별 활동 과제에 안성맞춤인 문제들이다. 교사를 꿈꾸는 학생들이 수업 활동을 통해서 '수업은 무엇인가?', '어떤 수업이 좋은 수업인가?' 라는 고민을 통해 미래 자신의 수업을 활기차게 만드는 교사가 되기를 바란다.

이런 의도로 펜을 들었으나 수학이 '글'이라는 도구로 옮겨지면 쉬운 내용도 어려워짐을 알고 있다. 책에 쓰여진 언어들이 조금은 구어체에 가까워도 너그러운 마음으로 읽어주시기를 바란다. 끝으로 출판을 허락해주신 경문사 식구들에게 감사를 전한다.

차 례

제 1 장

곡선이란?

1.1 곡선의 정의

곡선이란 무엇일까? 직관적으로 사람들은 구부러진 대상체를 많이 보고 경험하고 있다. 원과 타원, 부드러운 삼각형 등을 말이다. $x^2 + y^2 = 1$ 의 방정식으로 표현된 대상을 원이라고 인지하고 있다. 같은 원이라도 다음과 같이 정의할 수도 있다.

$$\alpha(t) = (\cos t, \sin t)$$

이른바 매개변수로 정의되는 곡선이다. 방정식으로 표현되는 곡선을 음함수 곡선이라 부르고 매개변수로 정의되는 곡선을 매개변수 곡선이라 부르고자 한다. 두 가지 방식의 정의에는 각각 장단점이 존재한다.

- 음함수 곡선은 곡선의 모양 파악이 쉬운 반면 매개변수 곡선은 곡선의 모양을 짐작하기 어려운 측면이 있다.
- 음함수 곡선은 xy 평면에서만 정의할 수 있고, 삼차원 공간에서는 곡면이 된다. 예를 들면 평면에서는 $x^2 + y^2 = 1$ 의 방정식이 원이지만 공간에서는 원기둥이 된다.

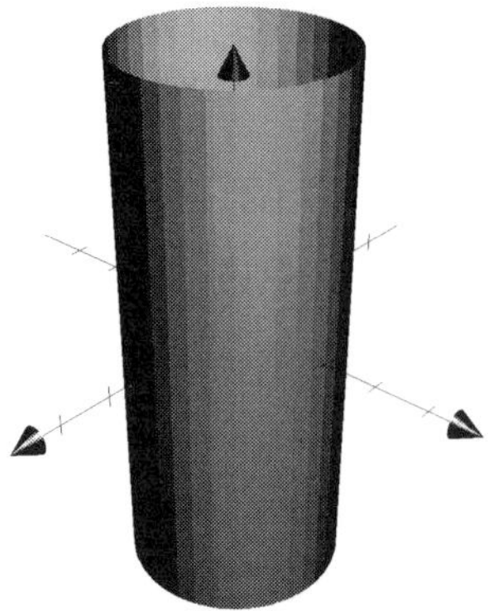

- 매개변수 곡선은 변수 t에 따른 동적인 움직임이 파악되는 반면 음함수 곡선은 움직임을 파악하기 어렵다.
- 매개변수 곡선은 변수에 따른 함수이어서 미분과 적분을 적용할 수 있다. 반면 음함수 곡선은 음함수 미분이 가능하기는 하지만 제한적인 상황이다.
- 매개변수 곡선은 변수 t에 대한 함수이므로 같은 모양을 가졌지만, 매개변수 함수의 관점에서는 다른 곡선이 된다. (보기 (1.1)의 예를 참고.)

보기 1.1: 원 $\alpha(t) = (\cos t, \sin t)$과 같은 모양이지만

$$\beta(t) = \left(\frac{2t}{1+t^2}, \frac{1-t^2}{1+t^2}\right)$$

은 α와 다른 함수 이다.

$$x = \frac{2t}{1+t^2}, \quad y = \frac{1-t^2}{1+t^2}$$

라 하면 $x^2 + y^2 = 1$임을 쉽게 확인 가능하다. 이 표현은 원의 점 $(0, -1)$을 나타낼 수 없다.

음함수 곡선과 매개변수 곡선의 장단점 비교를 통해서 어떻게 정의를 하는 것이 좋을지 고민해볼 수 있다. 그러면 기본적으로 기하학에서 다루고자 하는 목표에 부합되고 목표를 성취하기 좋은 정의를 선택하여야 한다. 기하학의 목표는 기하적인 대상체를 분류하고 대상체 간에 합동(정확한 정의는 아직 소개하지 않았음)을 결정할 수 있는 기하적인 불변량을 찾고 논증하는 것이다. 그러므로 기하적인 불변량을 유도하기 좋은 정의를 선택하여야 한다. '곡선의 기하적인

불변량은 무엇일까?'라는 질문이 나온다. 곡선의 기하적인 불변량은 사실 곡선의 **구부러짐**이다.

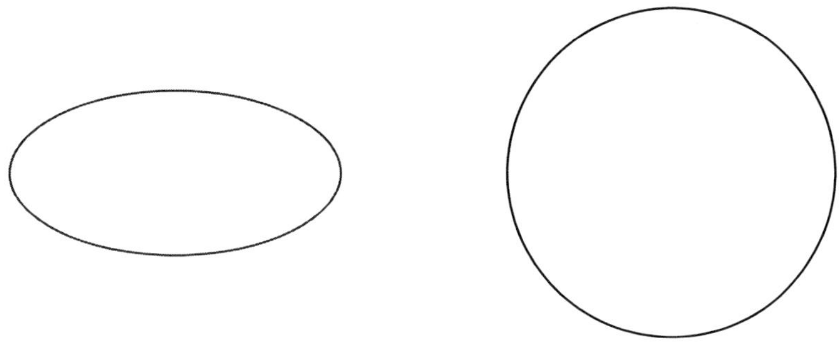

원 혹은 직선과 같이 곡선이 일정하게 균일한 비율로 구부러진 경우도 있지만, 타원과 같이 점마다 구부러진 정도가 다른 경우도 있다. 곡선 위의 점마다 구부러지는 정도를 정의하기 위해서 점마다 변화율 같은 개념을 적용하여야 한다. 곡선의 변화율을 측정할 수 있는 미분의 개념이 들어간 정의를 선택해야 한다. 따라서 다음과 같이 유클리드 공간과 곡선을 정의한다.

정의 1.1: 실수의 집합을 $\mathbb{R}$이라 두자. 두 실수 a, b에 대하여 개구간 $(a, b) = \{x \mid a < x < b\}$으로 정의한다. 유클리드 3차원 공간 $\mathbb{R}^3$은 세 개의 실수로 구성된 순서쌍의 집합이다. 즉 $\mathbb{R}^3 = \{(x, y, z) \mid x, y, z \in \mathbb{R}\}$. 공간의 원소 $\mathbf{p} = (p_1, p_2, p_3) \in \mathbb{R}^3$를 우리는 점(point)이라 부른다.

유클리드 공간 $\mathbb{R}^3$은 벡터공간으로 해석될 수도 있다. 유클리드 공간에서 덧셈과 실수배 연산을 정의할 수 있다. 두 점 $\mathbf{p} = (p_1, p_2, p_3)$, $\mathbf{q} = (q_1, q_2, q_3)$과 실수 $a \in \mathbb{R}$에 대하여

$$\begin{aligned} \mathbf{p} + \mathbf{q} &= (p_1 + q_1, p_2 + q_2, p_3 + q_3) \\ a\mathbf{p} &= (ap_1, ap_2, ap_3) \end{aligned}$$

덧셈과 실수배를 위와 같이 정의한다. 이와 같은 연산에 대하여 $\mathbb{R}^3$는 벡터공간이다. 따라서 공간의 점은 벡터로 해석하기도 한다.

정의 1.2: 유클리드 **공간 위의 곡선** α은 개구간 (a, b)에서 유클리드 공간 $\mathbb{R}^3$ 위로의 함수이고 $\alpha(t)$를 좌표로 $\alpha(t) = \big(\alpha_1(t), \alpha_2(t), \alpha_3(t)\big)$로 표현할 때, 각

좌표함수 α_i $(i = 1, 2, 3)$가 무한번 미분 가능할 때이다. 또한 평면 위의 곡선이라 함은 곡선 α의 치역이 특정한 평면에 속해 있을 때를 의미한다.

곡선을 정의함에 무한번 미분가능성이 꼭 필요하지는 않다. 세 번 미분가능성으로 충분히 기하학 이론 전개는 가능하다. 때로는 $\alpha_1(t) = x(t)$, $\alpha_2(t) = y(t)$, $\alpha_3(t) = z(t)$으로 사용하기도 한다.

보기 1.2: 직선은 유클리드 공간에서 가장 단순한 곡선이다. 점 $\mathbf{p} = (p_1, p_2, p_3) \in \mathbb{R}^3$과 벡터 $\mathbf{v} = (\ell, m, n) \in \mathbb{R}^3$에 대하여 직선은 모든 실수 t에 대해서

$$\alpha(t) = \mathbf{p} + t\mathbf{v}.$$

로 정의된 함수이다.

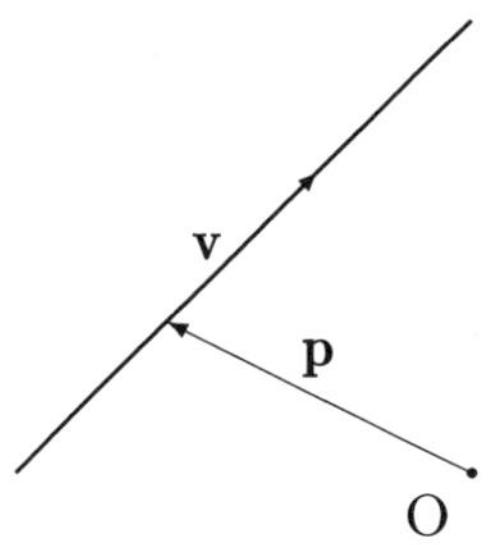

직선 $\alpha(t)$을 순서쌍으로 전개하고 각 좌표에 대한 식으로 표현하면 다음과 같다.

$$x = p_1 + t\ \ell$$
$$y = p_2 + t\ m$$
$$x = p_3 + t\ n$$

위 방정식을 직선의 매개변수 표현 혹은 직선의 매개변수 방정식이라 부른다. 직선의 매개변수 표현에서 t를 소거하면

$$\frac{x - p_1}{\ell} = \frac{y - p_2}{m} = \frac{z - p_3}{n}$$

을 직선의 표준형이라 부른다. 벡터 $\mathbf{v}$를 직선의 방향벡터라 부른다.

공간에 대한 원의 매개변수 곡선을 위하여 다음 정의가 필요하다.

정의 1.3: 세 벡터 $\mathbf{e}_1$, $\mathbf{e}_2$, $\mathbf{e}_3$가 틀이라 함은 세 벡터가 서로 수직이고 단위 벡터일 때이다. 즉

$$\mathbf{e}_i \cdot \mathbf{e}_j = \delta_{ij} = \begin{cases} 1 & (i = j \text{ 일 때}) \\ 0 & (i \neq j \text{ 일 때}) \end{cases}.$$

$\mathbf{U}_1 = (1,0,0)$, $\mathbf{U}_2 = (0,1,0)$, $\mathbf{U}_3 = (0,0,1)$은 **자연틀**(natural frame)이라 부른다.

보기 1.3: 직선은 구부러짐이 없이 단순한 곡선이지만, 원은 일정한 구부러짐을 가지는 곡선이다. 점 $\mathbf{p}$과 틀 $\mathbf{e}_1$, $\mathbf{e}_2$, $\mathbf{e}_3$에 대하여 원 $\alpha(t) = \mathbf{p} + r\cos t\mathbf{e}_1 + r\sin t\mathbf{e}_2$으로 정의한다. 그림과 같이 원은 점 $\mathbf{p}$을 지나고 법선벡터가 $\mathbf{e}_3$인 평면 위에서 원의 중심 $\mathbf{p}$이고 반경이 r인 원이다. 음함수로 표현하기 위하여 두 개 방정식이 필요하다.

$$(\mathbf{X} - \mathbf{p}) \cdot \mathbf{e}_3 = 0, \quad \| \mathbf{X} - \mathbf{p} \| = r$$

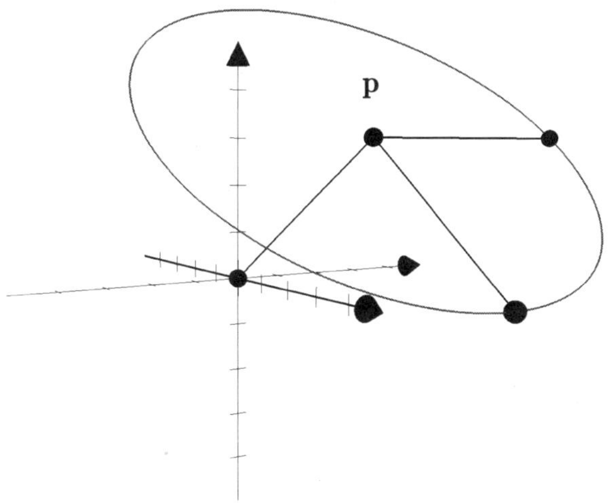

보기 1.4: 원과 직선은 기본적으로 평면 곡선이지만, 공간 곡선 중에 곡선의 구부러짐이 일정한 나선(helix)을 소개하고자 한다.

$$\alpha(t) = (\cos t, \sin t, t)$$

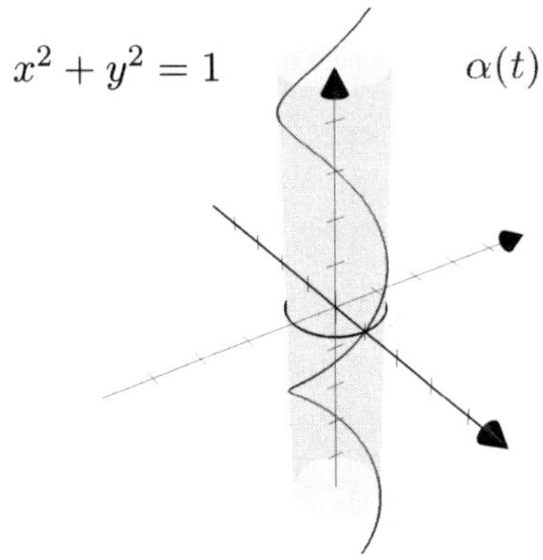

일반적으로 임의의 양수 a와 영이 아닌 실수 b에 대하여 나선 $\alpha(t) = (a\cos t, a\sin t, bt)$을 정의할 수 있다.

활동문제 1.1: 평면에서 다음과 같이 표현된 곡선의 매개변수 표현을 구하라.

(1) $4x^2 + y^2 = 4$ (2) $5x + y = 3$ (3) $y^2 = x^3$

(4) $x^4 + y^4 = 1$ (5) $x^{2/3} + y^{2/3} = 1$ (6) $y = x^3 - x$

활동문제 1.2: 공간에서 원은 구면과 평면의 교선으로 표현된다. 적당한 실수 a, b, c, d, e, f, g, r를 선택하여 구면과 평면으로 원을 구성하라. 또한 원의 매개변수 곡선을 구하라.

$$(x-a)^2 + (y-b)^2 + (z-c)^2 = r^2, \quad dx + ey + fz = g$$

활동문제 1.3: 틀 $\mathbf{e_1}$, $\mathbf{e_2}$, $\mathbf{e_3}$에 대하여 임의의 벡터 $\mathbf{v}$는

$$\mathbf{v} = (\mathbf{v}\cdot\mathbf{e_1})\mathbf{e_1} + (\mathbf{v}\cdot\mathbf{e_2})\mathbf{e_2} + (\mathbf{v}\cdot\mathbf{e_3})\mathbf{e_3}$$

임을 보여라.

1.1.1 속도벡터와 가속도벡터

개구간 (a,b)에 대하여 곡선을 $\alpha(t) = \big(x(t), y(t), z(t)\big)$이라 하자. 곡선의 정의에 따라 $x(t)$, $y(t)$, $z(t)$는 미분가능하므로 $\alpha(t)$의 미분 $\alpha'(t) = \big(x'(t), y'(t), z'(t)\big)$으로 정의하자. 정확히 정의하면 다음과 같이 정의할 수 있다.

정의 1.4: 곡선 $\alpha : (a,b) \to \mathbb{R}^3$에 대하여 곡선의 미분

$$\begin{aligned} \alpha'(t) &= \lim_{h\to 0} \frac{\alpha(t+h)-\alpha(t)}{h} \\ &= \left(\lim_{h\to 0} \frac{x(t+h)-x(t)}{h}, \lim_{h\to 0} \frac{y(t+h)-y(t)}{h}, \lim_{h\to 0} \frac{z(t+h)-z(t)}{h}\right) \\ &= \big(x'(t), y'(t), z'(t)\big) \end{aligned}$$

을 **속도 벡터 혹은 접벡터**라고 부른다. 또한 곡선의 두 번 미분한 벡터 $\alpha''(t)$는 **가속도 벡터**라고 부른다.

임의의 실수 h에 대하여, $\mathbf{v}(h) = \alpha(t+h) - \alpha(t)$는 시점이 $\alpha(t)$인 벡터이다. 따라서 $\mathbf{v}/h$도 시점이 $\alpha(t)$이다. **곡선의 접벡터 혹은 속도 벡터 $\alpha'(t)$는 시점이 $\alpha(t)$이고 곡선에 접하는 벡터라고 해석**하여야 한다.

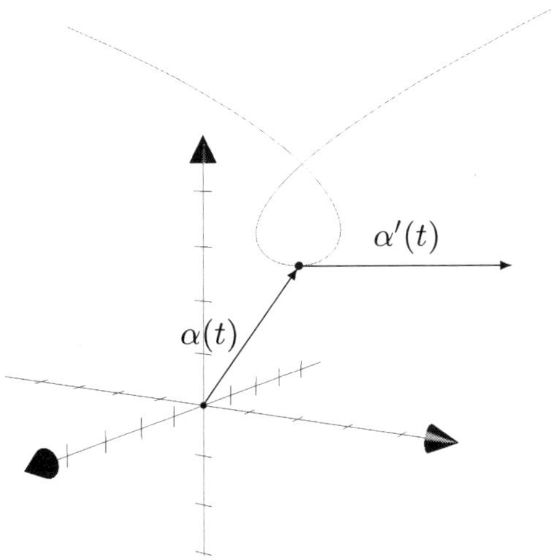

보기 1.5: 원에 대한 속도벡터와 가속도 벡터를 구해보자. $\alpha(t) = (r\cos t, r\sin t, 0)$라 하면 속도벡터 $\alpha'(t) = (-r\sin t, r\cos t, 0)$, $\alpha''(t) = (-r\cos t, -r\sin t, 0)$이다.

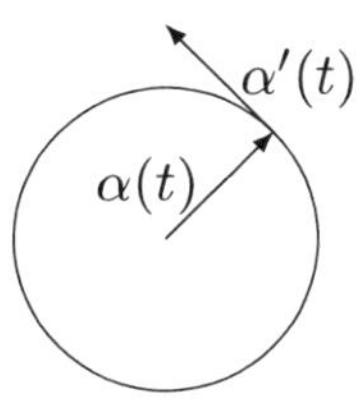

가속도 벡터 $\alpha''(t)$는 시점 $\alpha(t)$이고 원점을 종점으로 하는 벡터이다.

정의 1.5: 곡선 $\alpha : (a,b) \to \mathbb{R}^3$에 대하여,

- 곡선 α가 **정칙곡선**(regular curve)이라 함은 모든 $t \in (a,b)$에 대하여 $\alpha'(t) \neq \mathbf{0}$를 만족한다.
- 곡선 α가 **단위속력곡선**(unit speed curve)이란 말은 모든 $t \in (a,b)$에 대하여 $\| \alpha'(t) \| = 1$를 만족한다.
- 속도 벡터의 크기를 곡선 α의 **속력**이라 부르고 $v(t) = \| \alpha'(t) \|$로 표기한다.

정칙곡선은 다음 예제를 통하여 기하적인 의미를 살펴보자.

보기 1.6: 평면에서 직선 $y = x$에 대한 매개변수 표현 두 가지를 고려해보자.

$$\alpha(t) = (t, t)$$
$$\beta(t) = (t^2, t^2)$$

두 곡선의 정의역은 실수전체이고 곡선 α는 시간 t 변화에 따라 왼쪽 아래에서 시작하여 오른쪽 위로 이동하는 곡선이고 직선 전체를 치역으로 가진다. 반면 β는 제 1 사분면에서 시작하여 원점에서 방향을 변경하여 다시 돌아가는 곡선이다.

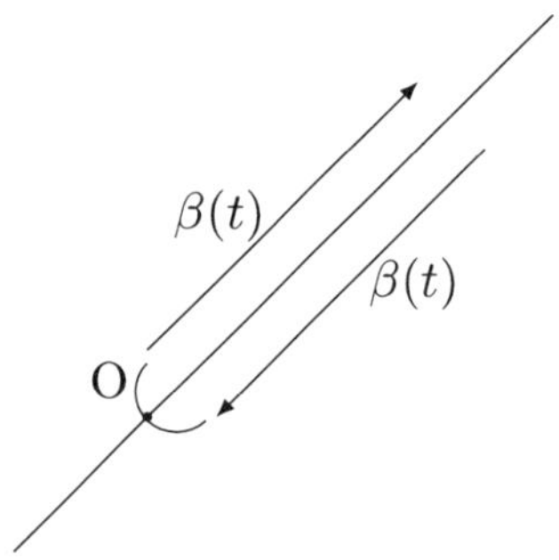

그래서 $\beta'(0) = (0,0)$임을 쉽게 확인 가능한다. 이처럼 정칙곡선은 똑같은 모양을 가지더라도 잠시 멈추거나 방향을 변경하여 반대로 움직이는 경우 등을 제외하려고 도입된 정의이다.

보기 1.7: 평면에서 단위속력곡선을 이해하기 위하여 다음 두 가지 곡선을 생각해보자.

$$\alpha(t) = (\cos t, \sin t)$$
$$\beta(t) = (\cos 2t, \sin 2t)$$

두 곡선의 정의역은 실수전체이고 치역은 단위원이다. 곡선 α는 주기가 2π인 곡선이고 단위속력이다. 반면 β는 주기가 π이고 속력이 2이다. 과연 두 곡선은 같다고 할 수 있나? 곡선의 정의를 생각해보면 곡선이 개구간에서 정의된 함수이므로 함숫값이 다르므로 두 곡선은 다르다. 속력이 달라서 생긴 문제이므로 곡선의 속력을 제한하는 정의를 도입한 것이다. 또한 곡선 α에서 매개변수를 s이라 두고 $s = 2t$라 두면

$$\begin{aligned}\alpha(s) &= \alpha(2t) = (\cos 2t, \sin 2t) = \beta(t)\\ &= \beta(s/2)\end{aligned}$$

따라서 $\beta(s/2)$는 단위속력곡선이 된다. 매개 변수를 변화시킴으로 함수로의 곡선은 달라진다. 그러나 매개변수를 변경하더라도 곡선의 모양은 변하지 않음을 알 수 있다.

1.1.2 곡선의 매개변수 변환

보기 1.7에서 보듯이 곡선의 매개변수 t를 다른 변수로 변환시킴으로 전혀 다른 함수를 만들수 있다.

보기 1.8: 두 점$(0, 1, 0)$, $(2, 3, 4)$을 연결하는 선분의 매개변수 곡선 α는 $t \in (0, 1)$에 대하여 $\alpha(t) = t(0, 1, 0) + (1 - t)(2, 3, 4)$로 정의할 수 있다. 참고로 곡선의 끝점은 $\alpha(0)$와 $\alpha(1)$에서 잘 정의된다. 매개변수 변환 $s = s(t)(0 < t < 1)$를 $s(t) = t^2$으로 정의하면 새로운 곡선 $\beta(s) = \alpha(\sqrt{s})$이 정의된다.

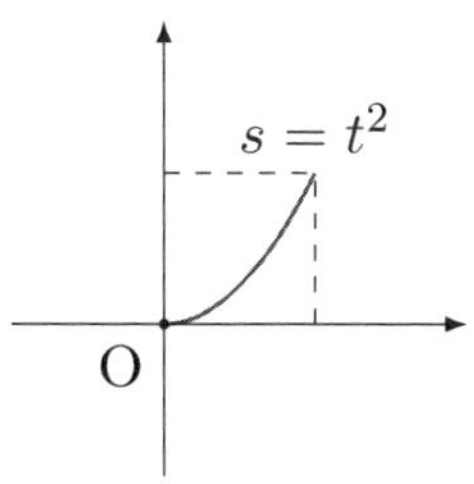

위와 같이 일대일 대응이 되는 변환뿐만 아니라, 일반적인 함수 변환 $s(t) = -t^3 + t$도 가능하다. 이럴 경우 변환 $s(0,1) = \{x \mid 0 < x \leq \frac{2}{3\sqrt{3}}\}$이 된다.

이와 같은 모든 함수를 매개변수 변환으로 정의하는 것보다 일대일 대응 함수만을 정의하는 것이 곡선 연구에 도움이 된다. 그래서 매개변수 변환을 다음과 같이 정의한다.

정의 1.6: 곡선 $\alpha : (a,b) \to \mathbb{R}^3$에 대하여 함수 $s : (a,b) \to (c,d)$가 다음 조건을 만족할 때, s를 곡선의 α의 **매개변수 변환**이라 한다.

- 변환 $s = s(t)$은 일대일 대응 함수이다.
- 변환 $s = s(t)$은 미분가능한 함수이다.
- 변환 $s = s(t)$의 미분 $s'(t)$이 연속이다.
- 변환 $s = s(t)$의 역함수도 미분가능한 함수이다.

참고 1.1: 매개변수 변환 $s = s(t)$의 표현에서 좌변의 s는 종속변수 s를 나타내고 우변의 s는 함수 s를 나타낸다. 원의 매개변수 곡선은 $\alpha(t) = (\cos t, \sin t)$이다. 일반적으로 곡선의 모양을 알기위하여 $x = \cos t$, $y = \sin t$라 두고 시작한다. 일반적으로 $\alpha(t) = \big(x(t), y(t)\big)$라 표현하므로, 이 경우는

$$x(t) = \cos t = x\ , \quad y(t) = \sin t = y$$

으로 표현된다. 즉 $x = x(t)$에서 좌변의 x는 종속변수 x이고 우변의 x는 함수를 나타낸다. 매개변수 변환 $s = s(t)$의 역함수를 $t = s^{-1}(s)$ 두자. 편의상 여기서도 $s^{-1}(s) = t(s)$라 둔다.

참고 1.2: 위와 같은 정의에서는 $s = t^3$ (단 $-1 < t < 1$) 는 매개변수 변환이 될수 없다. 일대일과 미분가능 조건은 만족하지만 역함수 $t = s^{1/3}$ 이 원점에서 미분 불가능하다. 역함수의 존재성과 미분가능성으로 부터 다음과 같은 사실을 유도할 수 있다.

참고 1.3: 매개변수 변환 $s = s(t)$와 그 역함수를 $t = t(s)$이라 하자. 역함수 정의에 의하면 모든 $s \in (c,d)$에 대하여 $s = s \circ t(s) = s$이다. 양변을 미분하면

$$s'(t(s)) \times t'(s) = 1$$

$$s'(t) \times t'(s) = 1 \quad (\because t(s) = t) \tag{1.1}$$

따라서 역함수의 미분계수는 함수의 미분계수의 역이다. 두 미분계수 $s'(t)$, $t'(s)$의 곱이 1이고 미분계수가 연속이므로 $s'(t)$의 값은 항상 양수이거나 음수이다. 앞으로 $s'(t) > 0$이면 방향(orientation)을 유지하는(preserving) 매개변수 변환이라 하고 $s'(t) < 0$이면 방향(orientation)을 뒤집는(reversing) 매개변수 변환이라 한다.

그림과 같이 방향을 뒤집는 매개변수 변환의 대표적인 변환은 $s(t) = a+b-t$으로 정의된다.

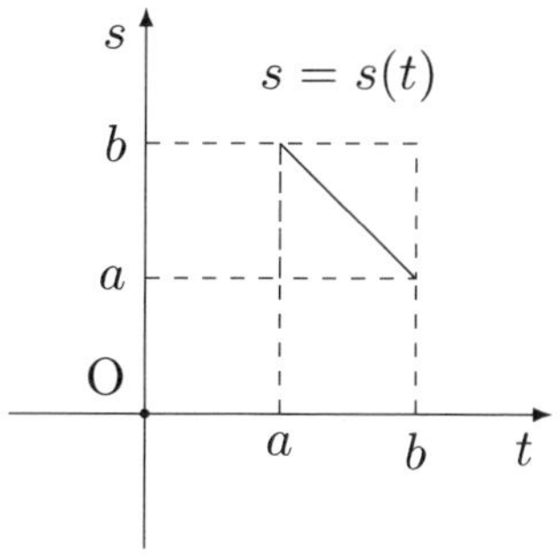

1.2 곡선의 길이 함수

주어진 곡선 $\alpha : (a,b) \to \mathbb{R}^3$에 대하여 매개변수를 따라 움직인 길이를 구하는 공식은 다음과 같다.

$$\begin{aligned} \ell &= \int_a^b \parallel \alpha'(t) \parallel dt \\ &= \int_a^b \sqrt{x'(t)^2 + y'(t)^2 + z'(t)^2} dt \end{aligned}$$

정의 1.7: 곡선 $\alpha : (a,b) \to \mathbb{R}^3$와 실수 $t_0 \in (a,b)$에 대하여 **길이함수**

$$s(t) = \int_{t_0}^t \parallel \alpha'(u) \parallel du$$

라 정의한다. 정적분의 기본정리에 의해서 길이함수의 미분은

$$\frac{ds}{dt}(t) = s'(t) = \parallel \alpha'(t) \parallel \ \geq \ 0$$

이고 항상 영보다 크거나 같다.

보기 1.9: $\alpha(t) = (t^3 - 3t, 0, 0)$ 인 경우에는 x축 위에서 움직인다. $t = -\sqrt{3}$에서 $t = \sqrt{3}$까지 움직인 거리를 계산하면 $\int_{-\sqrt{3}}^{\sqrt{3}} \| \alpha'(t) \| dt = \int_{-\sqrt{3}}^{\sqrt{3}} |3t^2 - 3| dt = 8$이다. 반면 $\alpha(-\sqrt{3}) = (0,0)$에서 출발하여 x축 양의 방향으로 움직이고 $\alpha(-1) = (2,0)$에서 멈추고 음의 방향으로 전환하여 $\alpha(0) = (0,0)$에서 원점을 지나고 $\alpha(1) = (-2,0)$에서 멈추고 양의 방향으로 전환하여 $\alpha(\sqrt{3}) = (0,0)$에서 원점에 도착한다.

결론적으로 곡선 α가 $t = a$에서 $t = b$까지 움직인 거리 ℓ는 속력을 적분하면 구할 수 있다. 곡선 α가 $t = a$에서 $t = b$까지 위치 변화는 $\alpha(b) - \alpha(a)$이고 적분으로 표현하면

$$\begin{aligned}\alpha(b) - \alpha(a) &= \int_a^b \alpha'(t)dt \\ &= \left(\int_a^b x'(t)dt, \int_a^b y'(t)dt, \int_a^b z'(t)dt\right) \\ &= (x(b) - x(a), y(b) - y(a), z(b) - z(a))\end{aligned}$$

보기 1.10: 반지름이 r인 원 $\alpha(t) = (r\cos t, r\sin t, 0)$에 대하여 $t_0 = 0$이라 두고 길이함수를 구해보면

$$\begin{aligned}s(t) &= \int_0^t \| \alpha'(u) \| du \\ &= \int_0^t \sqrt{(-r\sin t)^2 + (r\cos t)^2} du \\ &= \int_0^t r du = rt\end{aligned}$$

보기 1.11: 나선 $\alpha(t) = (a\cos t, a\sin t, bt)$에 대하여 $t_0 = 0$이라 두고 길이함수를 구해보면

$$\begin{aligned}s(t) &= \int_0^t \| \alpha'(u) \| du \\ &= \int_0^t \sqrt{(-a\sin t)^2 + (a\cos t)^2 + b^2} du \\ &= \int_0^t \sqrt{a^2 + b^2} du = \sqrt{a^2 + b^2}\, t\end{aligned}$$

곡선 $\alpha : (a,b) \to \mathbb{R}^3$에 대하여 곡선의 속력 $v(t) = \parallel \alpha'(t) \parallel = c$ 상수라고 한다면 길이함수

$$\begin{aligned} s(t) &= \int_{t_0}^{t} \parallel \alpha'(u) \parallel du \\ &= \int_{t_0}^{t} c du = c(t - t_0) \end{aligned}$$

상수인 속력을 가지는 곡선은 변수 t의 변화에 상수를 곱한 값만큼 움직인다. 특히 단위속력곡선은 시간의 변화에 정확히 일치해서 움직이는 거리도 늘어난다. 또한 상수인 속력을 가지는 곡선은 속도벡터와 가속도벡터가 서로 수직이다.

활동문제 1.4: 곡선 $\alpha, \beta : (a,b) \to \mathbb{R}^3$에 대하여

$$\frac{d}{dt}(\alpha(t) \cdot \beta(t)) = \alpha'(t) \cdot \beta(t) + \alpha(t) \cdot \beta'(t)$$

임을 증명하라.

활동문제 1.5: 곡선 $\alpha : (a,b) \to \mathbb{R}^3$에 대하여 속력 $\parallel \alpha'(t) \parallel$이 상수일 필요충분조건은 $\alpha'(t)$와 $\alpha''(t)$가 수직인 것을 증명하라.

일반적인 곡선의 길이함수를 구하기는 어렵다. 이유는 적분 계산이 어렵기 때문이다. 다음의 예를 보자.

보기 1.12: 곡선 $\alpha(t) = (t, t^2, t^4)$에 대하여 $\alpha'(t) = (1, 2t, 4t^3)$이므로 길이함수

$$s(t) = \int_0^t \sqrt{1 + 4u^2 + 16u^6} du$$

로 표현되고 정적분이 기초적인 함수로 표현이 불가능하다.

1.3 정칙곡선의 매개변수 변환

곡선이란 기하적인 대상체에 대한 이론 전개를 위하여 모든 곡선을 대상으로 한다면 좋겠지만 $\alpha(t) = (t^2, t^3)$와 같은 곡선은 미분가능하지만 매끄러운 개형

을 가지지 않는다. 즉 $\alpha'(0) = (0,0)$ 인 경우가 대부분 문제가 일어난다. 이런 경우를 제외하고 이론 전개를 위하여 정칙곡선만을 대상으로 이론 전개를 하는 것이 적합하다.

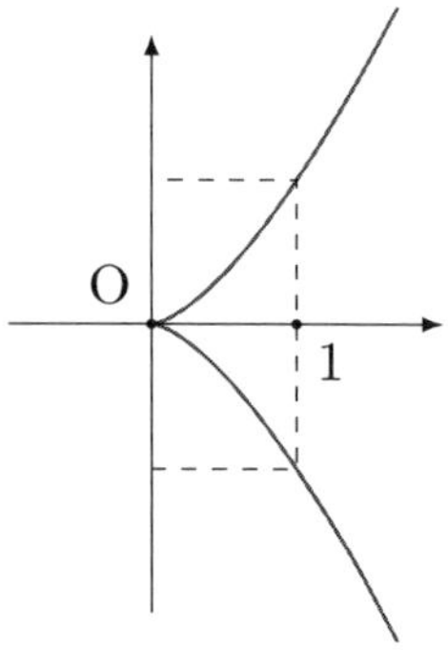

보기 1.7에서 두 정칙곡선이 속력의 차이로 인하여

$$\alpha(t) = (\cos t, \sin t)$$
$$\beta(t) = (\cos 2t, \sin 2t)$$

같은 함수가 아니다. 속력이 달라서 생긴 문제이므로 곡선의 속력을 제한하는 정의를 도입한 것이다. 또한 곡선 α에서 매개변수를 s이라 두고 $s = 2t$라 두면

$$\begin{aligned}\alpha(s) &= \alpha(2t) = (\cos 2t, \sin 2t) = \beta(t)\\ &= \beta(s/2)\end{aligned}$$

공교롭게도 이때 도입한 변수변환 함수 $s(t) = 2t$와 곡선 β의 길이함수를 비교해보자.

$$s(t) = \int_0^t \| \beta'(u) \| \, du = \int_0^t 2du = 2t$$

보기 1.10 의 경우처럼 $\alpha(t) = (r\cos t, r\sin t, 0)$ 의 길이함수를 구하면 $s = s(t) = rt$ 이었다. 따라서 변수 t를 s/r로 변환하면 새 곡선

$$\beta(s) = \alpha\left(\frac{s}{r}\right) = \left(r\cos\left(\frac{s}{r}\right), r\sin\left(\frac{s}{r}\right), 0\right)$$

으로 변환되고 단위속력곡선임을 확인할 수 있다. 다음 정리에서 모든 정칙곡선이 변수변환을 통하여 단위속력곡선으로 변환할 수 있음을 보인다.

정리 1.1

곡선 $\alpha : (a,b) \to \mathbb{R}^3$이 정칙곡선이라 두자. 그러면 매개변수 변환 $s : (a,b) \to (c,d)$이 존재하고 그 역함수 $t = t(s)$가 곡선 $\beta(s) := \alpha(t(s))$이 단위속력곡선이 되도록 한다.

증명에 앞서, 이런 정칙곡선의 매개변수 변환을 찾기 위하여 귀납적인 혹은 반대의 접근법이 필요한 경우도 있다. 우리는 곡선의 길이함수가 이런 매개변수 변환의 조건을 만족하리라 기대한다. $s = s(t)$ 혹은 그 역함수 $t = t(s)$를 찾기 위하여 $\beta(s) = \alpha(t(s))$를 단위속력곡선이라 가정하고 매개변수 변환을 찾아보자. 먼저 미분을 해보면 합성함수 미분공식에 의해서

$$\beta'(s) = \alpha'(t(s)) \times t'(s).$$

단위속력곡선이므로

$$1 = \parallel \beta'(s) \parallel = \parallel \alpha'(t(s)) \parallel \times |t'(s)|$$

임을 알 수 있다. 여기서 우리가 원하는 매개변수 변환의 성질에 의하여 $t'(s)$ 항상 양수 함수이거나 음수값 함수이다. 여기서 $t'(s) > 0$를 가정하면

$$t'(s) = \frac{1}{\parallel \alpha'(t(s)) \parallel}$$

의 공식을 얻는다. 이 방정식은 일종의 미분방정식으로 함수 $t(s)$의 미분이 t에 관련되어 있다. 매개변수에 대한 공식 (1.1) $s'(t) \times t'(s) = 1$을 적용해보자.

$$t'(s) = \frac{1}{s'(t)} = \frac{1}{\parallel \alpha'(t) \parallel} \quad (\because t = t(s)).$$

따라서 $s'(t) = \parallel \alpha'(t) \parallel$이고 이를 적분하면

$$s(t) = \int_{t_0}^{t} \parallel \alpha'(u) \parallel du$$

을 유도할 수 있다. 우리가 찾은 길이함수가 정리의 조건을 만족하는지 확인해 보자.

Proof. 실수 $t_0 \in (a,b)$에서 고정하고 정칙곡선 α 의 길이 함수

$$s = s(t) = \int_{t_0}^{t} \parallel \alpha'(u) \parallel du$$

라 두자. 함수 $s = s(t)$는 정적분의 기본정리에 의해 미분가능하고 $s'(t) = \| \alpha'(t) \|$이고 α 정칙곡선이므로 $s'(t) > 0$이고 연속이다. 평균치 정리를 이용하면 함수 s는 증가함수이고 일대일 함수이다. 다음 역함수 정리는 증명의 완결성을 위하여 필요하다. 증명은 부록을 참고바란다.

정리 1.2 (역함수정리)

함수 f가 개구간 (a, b)에서 미분가능하고 도함수 f'가 연속이라 가정하자. 모든 $x \in (a, b)$에 대하여 미분계수 $f'(x) \neq 0$ 이면 함수 f의 치역 $f(a, b)$은 개구간이고 역함수 $g : f(a, b) \to (a, b)$가 존재하고 미분가능하고 도함수 g'도 연속이다. 즉 모든 $x \in (a, b)$에 대하여 $g \circ f(x) = x$.

역함수 정리에 의하여 함수 $s = s(t)$의 역함수 $t = t(s)$ 존재하며 $t'(s) = \frac{1}{s'(t)}$이다. 따라서 곡선 $\beta(s) = \alpha\big(t(s)\big)$이라 두면

$$\begin{aligned} \| \beta'(s) \| &= \| \alpha'(t(s)) \| \times |t'(s)| \\ &= \| \alpha'(t(s)) \| \times \frac{1}{s'(t)} \\ &= \| \alpha'(t(s)) \| \times \frac{1}{\| \alpha'(t(s)) \|} = 1 \end{aligned}$$

임을 보일 수 있다. □

보기 1.13: 보기 1.11에서 나선 $\alpha(t) = (a\cos t, a\sin t, bt)$의 길이 함수 $s = s(t) = \sqrt{a^2 + b^2}t$임을 보였다. 따라서 나선을 단위 속력곡선으로 매개변수 변환을 하면

$$\begin{aligned} \beta(s) &= \alpha(t(s)) \\ &= \alpha\left(\frac{s}{\sqrt{a^2+b^2}}\right) \\ &= \left(a\cos\left(\frac{s}{\sqrt{a^2+b^2}}\right), a\sin\left(\frac{s}{\sqrt{a^2+b^2}}\right), \frac{bs}{\sqrt{a^2+b^2}}\right) \end{aligned}$$

참고 1.4: 곡선에 대한 집합과 정칙곡선에 대한 집합, 단위속력 곡선에 대한 집합을 고려한다면 다음과 같이 벤 다이어그램으로 표시할 수 있다. 정리 1.1은

실질적으로 정칙곡선에 대한 연구는 단위속력곡선을 대상으로 연구를 수행해도 충분하다는 의미이다.

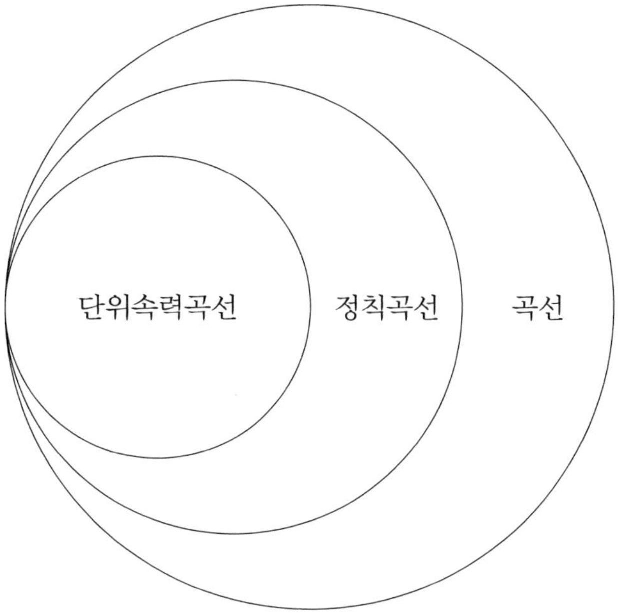

제 2 장

곡선의 구부러짐은 어떻게 측정하는가?

2.1 곡률의 정의

곡선의 구부러짐에 대해서 논하기 전에 우리는 이번 장에서 단위속력곡선에 대해서 논하고자 한다. 왜냐하면 정칙곡선은 매개변수 변환을 통해 단위속력곡선으로 변환됨을 증명하였다.

곡선의 구부러짐을 측정하기 위하여 가장 단순한 형태의 곡선과 직선을 고려하자. 일단 y 축으로 표현되는 직선과 반지름이 각각 1, 2, 3, 4인 원이 그림과 같이 원점에서 접하도록 그려보자. 원점 O을 통과하는 각각의 직선 혹은 곡선이 구부러지는 정도를 비교한다면 직선의 경우는 구부러짐이 없다. 직선의 구부러짐 정도를 측정하는 숫자가 있다면 0일 것이다. 반경이 1인 원과 반경이 2인 원이 원점을 통과하면서 구부러진 정도를 비교해보자. 당연히 반경이 커질수록 구부러짐 정도가 작아질 것이다. 반경 r이고 중심이 $(r, 0)$인 원을 고려하자. 이 원이 원점을 지난다. 반경 r이 무한대로 커진다면 구부러짐 정도는 영으로 수렴해야 한다. 단순히 구부러짐 정도가 $\frac{1}{r}$이라고 짐작해볼 수 있다. 임시로 구부러짐을 측정하는 값을 나타내는 문자를 그리스어 κ(카파, kappa) 라고 두자. 그러면

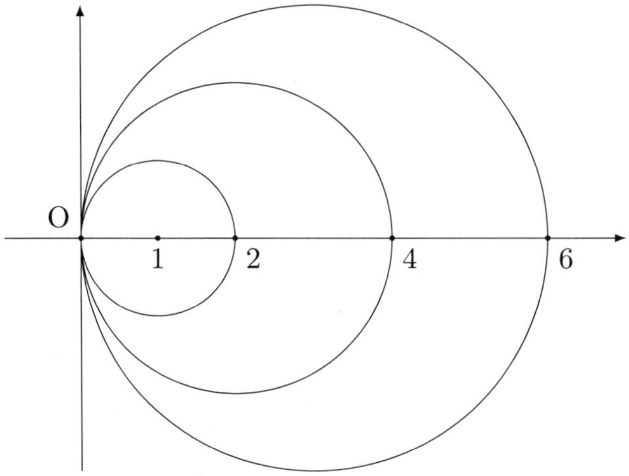

원의 구부러짐 정도를

$$\kappa = \frac{1}{r}$$

라고 추정해보자. 곡선의 구부러지는 정도를 곡률(curvature, κ)라 부르기로 하자.

직선의 곡률 $\kappa = 0$임을 짐작하고 있다. 직선의 곡률, 즉 변화하는 양이 영이라는 것은 변화가 없다는 말이다. 직선의 매개변수 표현은 $\alpha(s) = \mathbf{p} + s\mathbf{v}$ 두자. 직선이 단위속력곡선이도록 $\| \mathbf{v} \| = 1$ 라 둔다.

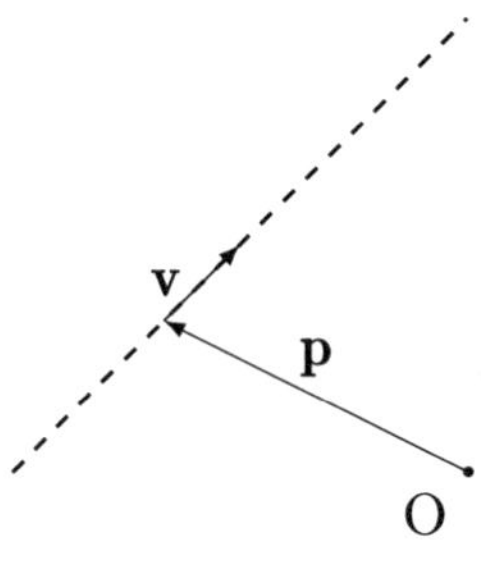

변화율을 측정하기 위하여 직선 α를 미분하면 $\alpha'(s) = \mathbf{v}$ 의 속도벡터가 구해진다. 즉 속도벡터가 단위벡터 $\mathbf{v}$이며 변화가 없다. 가속도 벡터를 구하면 $\alpha''(s) = \mathbf{0}$이다. 가속도 벡터는 벡터이므로 스칼라 값을 구하기 위하여 가속도의 크기

$$\| \alpha''(s) \| = 0$$

임을 알수 있다. 따라서 곡률

$$\kappa(s) = \| \alpha''(s) \|$$

로 정의하는 것도 타당해 보인다.

이젠 반경이 r 인 원에 대하여 곡률을 어떻게 측정해야 할지 고민해보자.

보기 2.1: 원 $\alpha(s) = \left(r\cos\left(\frac{s}{r}\right), r\sin\left(\frac{s}{r}\right)\right)$ 에 대하여 곡률을 찾아보자. 곡률이란 기본적으로 변화율이므로 미분을 통하여 속도벡터를 구해보자.

$$\alpha'(s) = \left(-\sin\left(\frac{s}{r}\right), \cos\left(\frac{s}{r}\right)\right)$$

이 속도벡터 $\alpha'(s)$는 계산을 통하여 단위속력임을 알수 있다. 속도벡터의 크기로는 곡률을 측정할 수 없다.

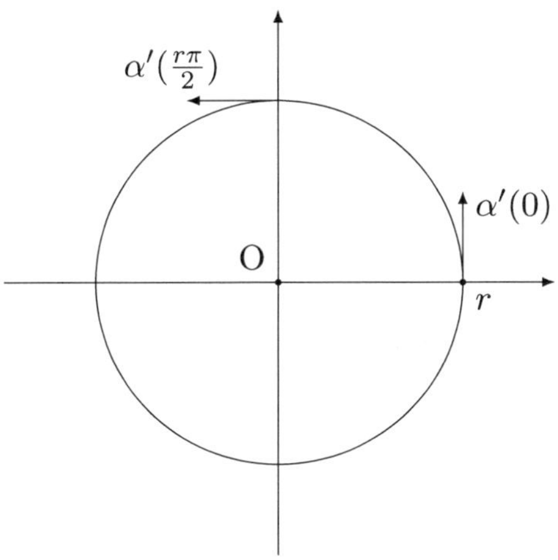

속도벡터 $\alpha'(s)$는 매개변수 s에 변화에 따라 방향이 일정하게 변화한다. 속도벡터의 변화율 즉 가속도 벡터를 구해보자.

$$\alpha''(s) = \left(-\frac{1}{r}\cos\left(\frac{s}{r}\right), -\frac{1}{r}\sin\left(\frac{s}{r}\right)\right)$$

따라서 가속도 벡터의 크기를 구하면 곡률을 유도할 수 있다.

$$\kappa(s) = \| \alpha''(s) \| = \frac{1}{r}.$$

원의 곡률이 위치에 상관없이 일정한 값을 가질거라고 예측했었다. 가속도 벡터의 크기를 곡률로 정의하면 일정한 상수 $1/r$ 로 우리가 유추한 값이 구해짐을 확인할 수 있었다.

정의 2.1: 단위속력곡선 $\alpha : (a, b) \to \mathbb{R}^3$에 대하여 **단위접선벡터**(unit tangent vector)

$$\mathbf{T}(s) = \alpha'(s)$$

라 정의한다. 점 $\alpha(s)$에서 곡률(curvature)

$$\kappa(s) = \| \, T'(s) \, \| = \| \, \alpha''(s) \, \|$$

로 정의한다.

보기 2.2: $c = \sqrt{a^2 + b^2}$라 두면 나선의 단위속력 곡선은 $\alpha(s) = \left(a\cos\left(\frac{s}{c}\right), a\sin\left(\frac{s}{c}\right), \frac{bs}{c}\right)$ 이다. 단위접선벡터

$$\mathbf{T}(s) = \alpha'(s) = \left(-\frac{a}{c}\sin\left(\frac{s}{c}\right), \frac{a}{c}\cos\left(\frac{s}{c}\right), \frac{b}{c}\right)$$

이고 곡률은

$$\kappa(s) = \| \, \mathbf{T}'(s) \, \| = \frac{a}{c^2} = \frac{a}{a^2 + b^2}$$

이다. (단 $a > 0$, $b \neq 0$)

정의 2.2: 단위속력곡선 $\alpha : (a, b) \to \mathbb{R}^3$에 대하여 곡률 $\kappa(s) > 0$인 점 $\alpha(s)$ 에서 **단위법선벡터** (unit normal vector) $\mathbf{N}(s)$는 다음과 같이 정의한다.

$$\mathbf{N}(s) = \frac{\mathbf{T}'(s)}{\kappa(s)} = \frac{\mathbf{T}'(s)}{\| \, \mathbf{T}'(s) \, \|}$$

단위법선벡터 $\mathbf{N}$는 $\kappa(s) = 0$인 점에서는 정의하지 못한다.

참고 2.1: 단위속력곡선 α가 곡률 $\kappa > 0$이라 하면 단위법선벡터 $\mathbf{N}$이 정의되고 정의에 따라 단위벡터이다. 또한

$$\mathbf{T}'(s) = \kappa(s)\mathbf{N}(s)$$

이다. 변수 s를 생략하고 표현하면 $\mathbf{T}' = \kappa\mathbf{N}$이다. $\mathbf{N}$는 $\mathbf{T}'$과 평행하므로 $\mathbf{T}$와 $\mathbf{N}$는 서로 수직이다.

활동문제 2.1: 다음 곡선에 대하여 단위접선벡터 $\mathbf{T}$, 단위법선벡터 $\mathbf{N}$과 곡률 κ 을 구하라.

1) $\alpha(s) = \left(\frac{3}{5}\cos s, 2 + \sin s, \frac{4}{5}\cos s\right)$
2) $\alpha(s) = \left(\frac{(1+s)^{3/2}}{3}, \frac{(1-s)^{3/2}}{3}, \frac{s}{\sqrt{2}}\right)$

2.2 곡률은 어떻게 구부러짐을 측정하는가?

단위속력곡선 $\alpha : (a,b) \to \mathbb{R}^3$의 곡률 $\kappa(s) = \| \alpha''(s) \|$은 원의 경우 $1/r$임을 알고 있다. 다음과 같은 두 개의 단위속력곡선 α, β를 고려하자. 그림과 같은 모양을 가지고 있으며 두 곡선은 $\alpha(0)$, $\beta(0)$을 각각 지나고 단위 접벡터 $\mathbf{T}_\alpha(0) = \mathbf{T}_\beta(0)$이라 가정하자. 또한 구부러지는 방향이 y 축의 음의 방향이라 하자. 그림을 참조하면 곡선 α가 점 $\alpha(0)$을 지날 때 곡률 $\kappa_\alpha(0)$이 곡선 β이 점 $\beta(0)$을 지날 때 곡률 $\kappa_\beta(0)$ 보다 작다. 즉, 부등식

$$\kappa_\alpha(0) < \kappa_\beta(0)$$

이 성립할 것이다. 이 부등식에 대한 직관적인 의미를 설명을 해보고자 한다. 물론 이런 설명들이 엄밀성은 낮아지지만 곡률에 대한 직관적인 이해는 높일 수 있다.

각각의 곡선이 단위속력곡선이므로 각 점 $\alpha(s)$, $\beta(s)$의 단위접선벡터를 그리고 접벡터의 시점을 원점으로 옮겨 그리면 다음 그림을 그릴수 있다. 그림의 원은 반경이 1인 원이라 생각할 수 있다.

그림의 모양을 참조하면 곡선 α의 접벡터는 같은 시간에 움직이는 범위가 곡선 β의 접벡터가 움직이는 범위보다 좁다. 즉 $T_\alpha(s)$의 변화량이 $T_\beta(s)$의 변화량보다 작다. 다시 말하면

$$\kappa_\alpha(0) = \| \mathbf{T}'_\alpha(0) \| < \| \mathbf{T}'_\beta(0) \| = \kappa_\beta(0).$$

참고 2.2: 곡선 단위접선벡터의 미분 $\mathbf{T}'(0)$의 크기는 곡률 $\kappa(0)$임을 알고 있다. $\mathbf{T}'(0)$의 방향은 곡률 $\kappa(0) \neq 0$이면 단위법선벡터 $\mathbf{N}(0)$이고 그림을 참조하면 항상 곡선이 구부러지는 방향을 지시하는 역할이다. 단위접선벡터 $\mathbf{T}$는 곡선의 진행 방향을 나타내고 단위법선벡터 $\mathbf{N}$는 곡선이 구부러지는 방향을 나타낸다.

참고 2.3: 단위속력곡선은 다음과 같은 성질이 있다. 점 $\alpha(s_0)$에서 점 $\alpha(s)$까지 곡선의 길이 ℓ는

$$\ell = \int_{s_0}^{s} \| \alpha'(t) \| \, dt = \int_{0}^{s} dt = s - s_0$$

이다. 매개변수 변화량이 곡선의 길이와 같다는 사실이 위와 같은 직관적인 설명에 필요하다.

참고 2.4: 그림을 이용한 이런 설명이 엄밀성이 떨어지는 이유는 다음과 같다. 두 곡선이 평면곡선처럼 설명하고 있다. 공간곡선의 경우에 단위접선벡터의 시점을 원점으로 이동하면 단위접선벡터는 단위구면 위를 움직인다. 그럼에도 불구하고 순간적인 구부러짐에 대한 설명이란 측면에서 약간의 오류를 허용하고 설명한 측면이 있다.

2.2.1 접촉원(Osculating Circle)

곡선의 곡률을 정의하고자 할 때 초기 연구자들은 당연히 원과 같이 구부러짐이 일정한 대상체로 연구를 시작했을 것이다. 다음 단계로 일정하지 않은 곡선이라 하더라도 원과 비교를 통하여 곡률이란 개념을 찾으려고 했을 것이다.

단위속력곡선 $\alpha : (-\varepsilon, \varepsilon) \to \mathbb{R}^3$에 대하여 점 $\alpha(0)$에서 접촉원(Osculating circle)을 찾을 것이다. 이 접촉원은 단위속력곡선이고 원이어야 한다. 또한 점 $\alpha(0)$을 지나야 하며, 이 점에서 단위접선벡터도 같아야 할 것이다. 또한 가장 중요한 사실이 이 원의 반경이 r이면 $\kappa(0) = \frac{1}{r}$을 만족하여야 한다. 접촉원을 찾기 위해서 곡률이 영이 아니라 가정해야 한다. 왜냐하면 곡률이 영이라면 접촉원의 반경이 무한대인 원을 찾아야 한다.

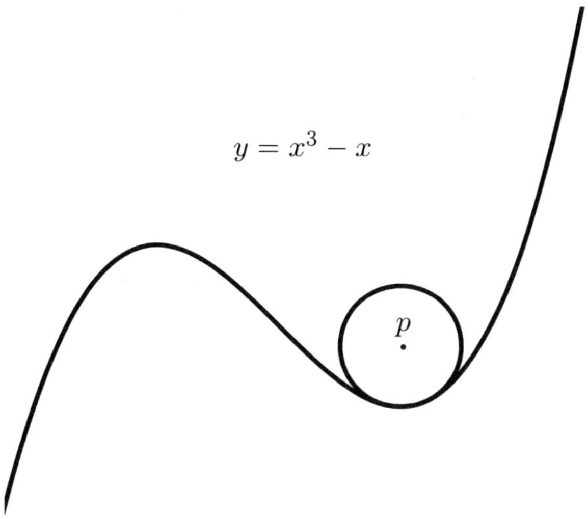

보기 1.3 에 정의된 일반적인 원의 방정식을 단위속력곡선으로 매개변수 변환을 하면 적당한 점 $\mathbf{p}$와 틀 $\mathbf{e_1}, \mathbf{e_2}, \mathbf{e_3}$ 에 대하여

$$\beta(s) = \mathbf{p} + r\cos\big(\frac{s}{r}\big)\mathbf{e_1} + r\sin\big(\frac{s}{r}\big)\mathbf{e_2}$$

라 둘 수 있다. 곡선 β는 다음과 같은 성질을 만족해야 한다.

- $\alpha(0) = \beta(0)$
- $\alpha'(0) = \beta'(0)$
- $\alpha''(0) = \beta''(0)$

위 세 성질을 만족하는 점 $\mathbf{p}$, 서로 직교인 두 단위벡터 $\mathbf{e_1}, \mathbf{e_2}$와 r를 찾아야 한다. 미분을 통하여 계산하면

$$\alpha(0) = \mathbf{p} + r\mathbf{e_1}, \quad \alpha'(0) = \mathbf{e_2}, \quad \alpha''(0) = \ -\frac{1}{r}\mathbf{e_1}$$

이므로

$$\mathbf{e_1} = -\mathbf{N}(0), \quad r = \frac{1}{\kappa(0)}, \quad \mathbf{e_2} = \mathbf{T}(0), \quad \mathbf{p} = \alpha(0) + r\mathbf{N}(0)$$

이다. 점 $\mathbf{p}$가 접촉원의 중심이라 한다.

활동문제 2.2: 단위속력곡선 $\alpha : (-\varepsilon, \varepsilon) \to \mathbb{R}^3$가 $\kappa(0) > 0$이라 가정하면 점 $\alpha(0)$을 지나는 접촉원은 유일함을 증명하라. 즉 단위속력곡선 $\gamma(s) = \tilde{\mathbf{p}} + \tilde{r}\cos\frac{s}{\tilde{r}}\tilde{\mathbf{e_1}} + \tilde{r}\sin\frac{s}{\tilde{r}}\tilde{\mathbf{e_2}}$이

- $\alpha(0) = \gamma(0)$
- $\alpha'(0) = \gamma'(0)$
- $\alpha''(0) = \gamma''(0)$

를 만족한다면 $\beta \equiv \gamma$임을 보여라.

활동문제 2.3: 단위속력곡선 $\alpha : (-\varepsilon, \varepsilon) \to \mathbb{R}^3$가 $\kappa(0) > 0$이라 가정하자. 두 점 $\alpha(a)$, $\alpha(b)$와 점 $\alpha(0)$은 일반적으로 한 직선 위에 있지 않다. 한 직선 위에 있지 않은 세 점을 지나는 원을 $C_{a,b}$라 두자. 그러면 다음이 성립함을 증명하라.

$$\lim_{a,b\to 0} C_{a,b} = \beta.$$

제 3 장

곡률이 곡선을 결정하는가?

3.1 곡률이 곡선을 결정하는가?

중등학교 교육과정에서 삼각형의 합동을 결정하는 조건을 소환해보자. "두 삼각형의 대응하는 세 변의 길이가 같다면 두 삼각형은 합동이다"라는 명제를 생각해보자. '세 변의 길이'라는 특정 값이 '삼각형의 합동을 결정한다'라고 말할 수 있다. 그럼 마찬가지로 '곡률이 곡선을 결정할 수 있는가?'라는 질문도 의미를 가지게 된다. 구체적으로 다음과 같이 질문할 수 있다.

질문 3.1: 단위속력곡선 $\alpha, \beta : (a, b) \to \mathbb{R}^3$ 의 곡률 κ_α, κ_β 가

$$\kappa_\alpha \equiv \kappa_\beta$$

를 만족한다면 $\alpha \equiv \beta$ 인가?

질문에 대한 반례를 만들기 위하여 전혀 다른 두 곡선을 만들 것이다. 다만 두 곡선의 곡률은 같은 함수를 가져야 하므로 상수 곡률을 가지는 원과 나선을 선택해보자. 먼저 $\alpha : (-\sqrt{2}\pi, \sqrt{2}\pi) \to \mathbb{R}^3$ 를

$$\alpha(s) = \left(\cos\left(\frac{s}{\sqrt{2}}\right), \sin\left(\frac{s}{\sqrt{2}}\right), \frac{s}{\sqrt{2}}\right)$$

라 정의하자. 보기 2.2에서 나선의 곡률은 $\kappa(s) \equiv \frac{a^2}{a^2+b^2} = \frac{1}{2}$이다. 자세히 계산해보자. 일단 한 번 미분을 하면

$$\alpha'(s) = \mathbf{T}(s) = \frac{1}{\sqrt{2}} \left(-\sin\left(\frac{s}{\sqrt{2}}\right), \cos\left(\frac{s}{\sqrt{2}}\right), 1 \right)$$

이고 한 번 더 미분하면

$$\alpha''(s) = \mathbf{T}'(s) = \frac{1}{2} \left(-\cos\left(\frac{s}{\sqrt{2}}\right), -\sin\left(\frac{s}{\sqrt{2}}\right), 0 \right)$$

를 얻을 수 있다. 결론적으로 $\kappa(s) = 1/2$이고 단위법선벡터

$$\mathbf{N}(s) = \left(-\cos\left(\frac{s}{\sqrt{2}}\right), -\sin\left(\frac{s}{\sqrt{2}}\right), 0 \right)$$

이다. 여기서 단위접선벡터와 단위법선벡터의 벡터곱을 α의 단위종법선벡터라 하자. 그러면

$$\mathbf{B}(s) = \mathbf{T}(s) \times \mathbf{N}(s) = \frac{1}{\sqrt{2}} \left(\sin\left(\frac{s}{\sqrt{2}}\right), -\cos\left(\frac{s}{\sqrt{2}}\right), 1 \right)$$

이다.

이제 반경이 2인 원 β를 찾고자 한다. 곡선 β의 곡률이 $\frac{1}{2}$이다. 곡률은 같지만 전혀 다른 곡선이라 주장할 수 있다. 나선 α와 최소한 한 점 $\alpha(0)$을 공유하고 그 점에서 진행방향 $\mathbf{T}(0)$(단위접선벡터)도 같으며, 구부러지는 방향 $\mathbf{N}(0)$(단위법선벡터)도 같고 가장 중요한 구부러지는 정도 $\kappa(0)$(곡률)도 같지만 곡선 α와 다른 곡선 β를 찾으려 한다.

보기 3.1: 주어진 나선에 대한 계산을 해보자.

$$\alpha(0) = (1, 0, 0), \quad \mathbf{T}(0) = \left(0, \frac{1}{\sqrt{2}}, \frac{1}{\sqrt{2}}\right), \quad \mathbf{N}(0) = (-1, 0, 0)$$

접촉원과 거의 비슷하게 원의 중심은 점 $\alpha(0)$에서 방향 $\mathbf{N}(0)$으로 반지름 2만큼 움직인 점이다. 따라서 $\mathbf{p} = \alpha(0) + 2\mathbf{N}(0) = (1, 0, 0) + 2(-1, 0, 0) = (-1, 0, 0)$이다. 또한 벡터 $\mathbf{e_1} = -\mathbf{N}(0) = (1, 0, 0)$이다. 마지막으로 $\mathbf{e_2} = \mathbf{T}(0) = \left(0, \frac{1}{\sqrt{2}}, \frac{1}{\sqrt{2}}\right)$이다. 결론적으로

$$\begin{aligned}\beta(s) &= \mathbf{p} + r\cos\left(\frac{s}{r}\right)\mathbf{e_1} + r\sin\left(\frac{s}{r}\right)\mathbf{e_2} \\ &= (-1, 0, 0) + 2\cos(s/2)\,(1, 0, 0) + 2\sin(s/2)\left(0, \frac{1}{\sqrt{2}}, \frac{1}{\sqrt{2}}\right)\end{aligned}$$

$$= \Big(-1 + 2\cos(s/2), \sqrt{2}\sin(s/2), \sqrt{2}\sin(s/2)\Big)$$

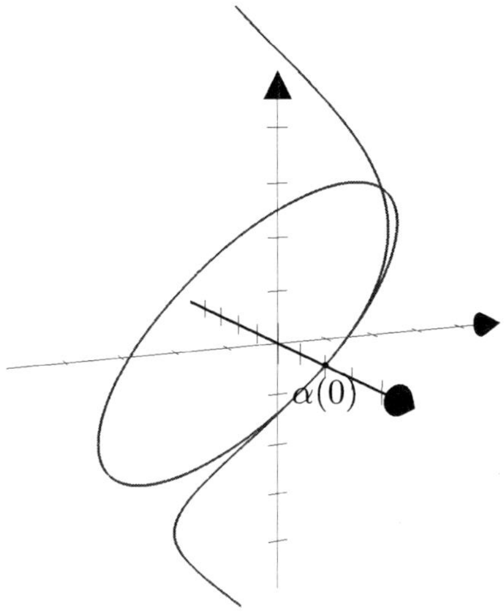

왜 이런 일이 벌어질까? 곡률만으로 곡선을 결정하지 못하는가? 곡률이란 곡선이 구부러지는 정도를 결정하는 것이다. 진행방향이 단위접선벡터 $\mathbf{T}$면 구부러지는 방향이 단위 법벡터 $\mathbf{N}$이고 구부러지는 정도가 곡률 κ일 것이다. 단위속력곡선인 경우에는 단위법선벡터와 단위접선벡터는 수직이다. 점 $\alpha(0)$에서 단위접선벡터와 단위법선벡터가 이루는 평면 $y = z$인 평면에서 원 β에 머물러 있는 반면 나선 α는 나선 위의 점 $\alpha(s)$을 지나고 단위접선벡터 $\mathbf{T}(s)$와 단위법선벡터 $\mathbf{N}(s)$에 의해 만들어진 평면을 매번 벗어난다. 그래서 먼저 단위접선벡터와 단위법선벡터로 이루어진 평면을 접촉평면(Osculating plane)이란 이름을 붙여보자.

정의 3.1: 단위속력곡선 $\alpha, \beta : (a,b) \to \mathbb{R}^3$이 $\kappa > 0$라 하자. 단위종법선벡터(unit binornal vector)

$$\mathbf{B}(s) = \mathbf{T}(s) \times \mathbf{N}(s)$$

로 정의한다. 즉 단위종법선벡터는 단위접선벡터와 단위법선벡터의 벡터곱으로 정의된다. 또한 점 $\alpha(s)$를 지나고 법선벡터 $\mathbf{B}(s)$인 평면을 접촉평면(Osculating plane)이라 부르자. 즉

$$\big(X - \alpha(s)\big) \cdot \mathbf{B}(s) = 0$$

를 만족하는 평면이다.

참고 3.1: 단위종법선벡터 $\mathbf{B}(s)$는 크기가 1이고 단위접선벡터 $\mathbf{T}(s)$, 단위법선벡터 $\mathbf{N}(s)$와 수직이다.

$$\begin{aligned} \| \mathbf{B}(s) \| &= \| \mathbf{T}(s) \times \mathbf{N}(s) \| \\ &= \| \mathbf{T}(s) \| \| \mathbf{T}(s) \| \sin\theta = \sin\frac{\pi}{2} = 1 \end{aligned}$$

여기서 θ는 $\mathbf{T}(s)$ 와 $\mathbf{N}(s)$의 사잇각이므로 $\frac{\pi}{2}$이다.

활동문제 3.1: 두 벡터 $\mathbf{V} \times \mathbf{W}$는 벡터 $\mathbf{V}$ 와 $\mathbf{W}$에 각각 수직임을 보여라.

활동문제 3.2: 나선 $\alpha : (-\sqrt{2}\pi, \sqrt{2}\pi) \to \mathbb{R}^3$을 $\alpha(s) = \left(\cos\left(\frac{s}{\sqrt{2}}\right), \sin\left(\frac{s}{\sqrt{2}}\right), \frac{s}{\sqrt{2}}\right)$이라 할 때, 임의의 점 $\alpha(s)$에서 접촉평면을 구하고 나선 α이 접촉평면 위에 없음을 보여라.

활동문제 3.3: 원 $\beta(s) = \big(-1 + 2\cos(s/2), \sqrt{2}\sin(s/2), \sqrt{2}\sin(s/2)\big)$이라 할 때, 단위종법선벡터 $\mathbf{B}(s)$를 구하라.

위 활동문제를 구하면 원 β의 단위종법선벡터 $\mathbf{B}(s) = (0, -1/\sqrt{2}, 1/\sqrt{2})$는 상수벡터인 반면 나선 α의 단위종법선벡터 $\mathbf{B}(s) = \frac{1}{\sqrt{2}}\left(\sin\left(\frac{s}{\sqrt{2}}\right), -\cos\left(\frac{s}{\sqrt{2}}\right), 1\right)$이다. 단위종법선벡터가 상수벡터라면 직관적으로 곡선이 단위종법선벡터에 수직인 평면에 놓여 있을 것으로 짐작된다. 만약 단위종법선벡터가 상수벡터가 아니라면

$$\mathbf{B}'(s) = \frac{d}{ds}\mathbf{B}(s) = \frac{1}{2}\left(\cos\left(\frac{s}{\sqrt{2}}\right), \sin\left(\frac{s}{\sqrt{2}}\right), 0\right)$$

가 평면을 탈출하는 정도를 측정하는 요소가 될 것으로 보인다. 따라서 $\mathbf{B}'(s)$에 대하여 조사를 해봐야 한다.

3.2 단위종법선벡터의 변화율

단위속력곡선 $\alpha : (a, b) \to \mathbb{R}^3$에 대하여 알고있는 사실들을 정리해보자.

- 단위접선벡터 $\mathbf{T}$는 곡선에 접하는 단위벡터이며 곡선의 진행방향을 지시한다.
- 단위법선벡터 $\mathbf{N}$는 곡선이 구부러지는 방향을 지시하며 단위벡터이다.
- 곡률 $\kappa = \| \mathbf{T}' \|$이며 단위법선벡터 방향으로 구부러지는 정도를 측정한다.
- $\mathbf{T}' = \kappa \mathbf{N}$을 만족한다.
- 단위종법선벡터는 $\mathbf{B} = \mathbf{T} \times \mathbf{N}$로 정의된다.
- $\mathbf{T}$, $\mathbf{N}$, $\mathbf{B}$는 틀이다. 즉 서로 수직이고 단위벡터이다.

우리가 알고 싶은 것은 단위종법선벡터의 변화율이다. 이 변화율에 대하여 두 가지 문제가 대두된다. 첫째 이름을 어떤 이름을 붙여야 하는가? 둘째 어떻게 정의해야 하는가? 이런 두 가지 문제는 좋은 정의를 도입하게 되면 자연스럽게 해결될 것으로 보인다. 그럼 곡률처럼

$$\| \mathbf{B}'(s) \| \quad = \quad \| \frac{d}{ds}\mathbf{B}(s) \|$$

로 정의하면 될 것으로 생각할 수 있다. 그러나 다음과 같은 예제를 살펴보도록 하자.

보기 3.2: $\alpha : (-\sqrt{2}\pi, \sqrt{2}\pi) \to \mathbb{R}^3$를

$$\alpha(s) = \Big(\cos\big(\frac{s}{\sqrt{2}}\big), \sin\big(\frac{s}{\sqrt{2}}\big), -\frac{s}{\sqrt{2}}\Big)$$

이라 정의하자. 일단 한 번 미분을 하면

$$\alpha'(s) = \mathbf{T}(s) = \frac{1}{\sqrt{2}}\Big(-\sin\big(\frac{s}{\sqrt{2}}\big), \cos\big(\frac{s}{\sqrt{2}}\big), -1\Big)$$

이고 한 번더 미분하면

$$\alpha''(s) = \mathbf{T}'(s) = \frac{1}{2}\Big(-\cos\big(\frac{s}{\sqrt{2}}\big), -\sin\big(\frac{s}{\sqrt{2}}\big), 0\Big)$$

를 얻을 수 있다. 결론적으로 $\kappa(s) = 1/2$이고 단위법선벡터

$$\mathbf{N}(s) = \Big(-\cos\big(\frac{s}{\sqrt{2}}\big), -\sin\big(\frac{s}{\sqrt{2}}\big), 0\Big)$$

이다.

α의 단위종법선벡터

$$\mathbf{B}(s) = \mathbf{T}(s) \times \mathbf{N}(s) = \frac{1}{\sqrt{2}}\Big(-\sin\big(\frac{s}{\sqrt{2}}\big), \cos\big(\frac{s}{\sqrt{2}}\big), 1\Big)$$

이다. 또한 변화율을 조사해보면

$$\mathbf{B}'(s) = \frac{d}{ds}\mathbf{B}(s) = \frac{1}{2}\Big(-\cos\big(\frac{s}{\sqrt{2}}\big), -\sin\big(\frac{s}{\sqrt{2}}\big), 0\Big)$$

이다. 이 경우에

$$\|\ \mathbf{B}'(s)\ \| = \frac{1}{2}$$

이다.

$\beta : (-\sqrt{2}\pi, \sqrt{2}\pi) \to \mathbb{R}^3$를

$$\beta(s) = \Big(\cos\big(\frac{s}{\sqrt{2}}\big), \sin\big(\frac{s}{\sqrt{2}}\big), \frac{s}{\sqrt{2}}\Big)$$

라 정의하자. 그리고 곡선 α와 같은 계산을 해보면 단위종법선벡터의 변화율이

$$\|\ \mathbf{B}'(s)\ \| = \frac{1}{2}$$

이다.

양수인 a와 영이 아닌 실수 b에 대해서 나선

$$\Big(a\cos\big(\frac{s}{c}\big), a\sin\big(\frac{s}{c}\big), -\frac{bs}{c}\Big)$$

에 대해서 b의 부호에 따른 차이를 구별할 수 없다.

곡선 α, β의 차잇점은 나선의 움직임이 접촉평면을 통과해서 나간다. $b > 0$인 나선은 접촉평면 아래에서 위로 통과하고 $b < 0$인 나선은 위에서 아래로 통과한다. 이런 차이를 나타내기 위해서 절댓값은 후보에서 제외를 하자. 예제에서 $\mathbf{B}'(s)$와 $\mathbf{N}(s)$를 비교해보니 공교롭게도

$$\mathbf{B}'(s) = \frac{1}{2}\mathbf{N}(s)$$

식을 얻었다.

활동문제 3.4: $\alpha : (-\sqrt{2}\pi, \sqrt{2}\pi) \to \mathbb{R}^3$를

$$\alpha(s) = \Big(\cos\big(\frac{s}{\sqrt{2}}\big), \sin\big(\frac{s}{\sqrt{2}}\big), -\frac{s}{\sqrt{2}}\Big)$$

라 정의하자. 점 $\alpha(0)$에서 접촉평면을 구하고 접촉평면의 위와 밑을 구별하는 기준은 무엇인지 정하라. (힌트 : 단위종법선벡터)

예제와 같이 단위종법선벡터의 미분이 단위법선벡터와 같은 방향을 가지는지 확인해보자. 단위속력곡선 α에 대하여 $\mathbf{T}$, $\mathbf{N}$, $\mathbf{B}$가 서로 수직이고 단위벡터임을 알고 있다. 따라서 단위종법선벡터의 미분

$$\mathbf{B}'(s) = a\mathbf{T}(s) + b\mathbf{N}(s) + c\mathbf{B}(s) \tag{3.1}$$

인 실수 a, b, c가 존재한다. 물론 실수 a, b, c도 변수 s에 의존한다.

먼저 a를 구하기 위하여 양변에 $\mathbf{T}(s)$를 내적하자. 그럼 틀의 성질에 의하여

$$\begin{aligned}\mathbf{B}'(s)\cdot\mathbf{T}(s) &= \big(a\mathbf{T}(s) + b\mathbf{N}(s) + c\mathbf{B}(s)\big)\cdot\mathbf{T}(s)\\ &= a\mathbf{T}(s)\cdot\mathbf{T}(s) + b\mathbf{N}(s)\cdot\mathbf{T}(s) + c\mathbf{B}(s)\cdot\mathbf{T}(s)\\ &= a\end{aligned}$$

임을 알 수 있다. 실수 a를 구하기 위하여 먼저 공식 $\mathbf{B}(s)\cdot\mathbf{T}(s) = 0$을 상기하자. 양변을 미분연산자 $\frac{d}{ds}$를 적용하면

$$\mathbf{B}'(s)\cdot\mathbf{T}(s) + \mathbf{B}(s)\cdot\mathbf{T}'(s) = 0$$

에서 $\mathbf{T}'(s) = \kappa(s)\mathbf{N}(s)$을 적용하면 $\mathbf{B}'(s)\cdot\mathbf{T}(s) + \mathbf{B}(s)\cdot\kappa(s)\mathbf{N}(s) = 0$이다. 따라서 $a = 0$을 얻는다.

이제 c를 구해보자. 식 (3.1)의 양변에 $\mathbf{B}(s)$를 내적하자.

$$\begin{aligned}\mathbf{B}'(s)\cdot\mathbf{B}(s) &= \big(a\mathbf{T}(s) + b\mathbf{N}(s) + c\mathbf{B}(s)\big)\cdot\mathbf{B}(s)\\ &= a\mathbf{T}(s)\cdot\mathbf{B}(s) + b\mathbf{N}(s)\cdot\mathbf{B}(s) + c\mathbf{B}(s)\cdot\mathbf{B}(s)\\ &= c\end{aligned}$$

임을 알 수 있다. $c = \mathbf{B}'(s)\cdot\mathbf{B}(s)$를 구하기 위해 미분이 없는 공식을 먼저 고려하자.

$$\mathbf{B}(s)\cdot\mathbf{B}(s) = 1$$

양변을 미분하면

$$2\mathbf{B}'(s)\cdot\mathbf{B}(s) = 0$$

임을 알 수 있고 따라서 $c = 0$임을 알 수 있다.

정의 3.2: 단위속력곡선 $\alpha : (a,b) \to \mathbb{R}^3$ 에 대하여 **비틀림률**(꼬임률, 열률, torsion) τ 을 다음과 같이 정의한다.

$$\tau(s) = -\mathbf{B}'(s) \cdot \mathbf{N}(s)$$

참고 3.2: 단위속력곡선 α 에 대하여 $\mathbf{B}'(s) = b\mathbf{N}(s)$ 임을 보였다. 따라서 비틀림률 τ 을

$$\mathbf{B}'(s) = -\tau(s)\mathbf{N}(s)$$

로 정의하는 것과 동치이다.

참고 3.3: 비틀림률의 정의에 음의 부호를 붙이는 이유는 접촉평면을 통과하는 방향성과 부호를 일치시키기 위함이다. 즉 비틀림률이 양수일 때 접촉평의 아래에서 위로 곡선이 움직인다.

활동문제 3.5: 나선 $\alpha(s) = \left(a\cos\left(\frac{s}{\sqrt{a^2+b^2}}\right), a\sin\left(\frac{s}{\sqrt{a^2+b^2}}\right), \frac{bs}{\sqrt{a^2+b^2}}\right)$ 의 곡률과 비틀림률을 구하라.

활동문제 3.6: 다음 곡선에 대하여 단위접선벡터 $\mathbf{T}$, 단위법선벡터 $\mathbf{N}$, 단위종법선벡터 $\mathbf{B}$ 과 곡률 κ 과 비틀림률 τ 을 구하라.

1) $\alpha(s) = \left(\frac{3}{5}\cos s, 2+\sin s, \frac{4}{5}\cos s\right)$

2) $\alpha(s) = \left(\frac{(1+s)^{3/2}}{3}, \frac{(1-s)^{3/2}}{3}, \frac{s}{\sqrt{2}}\right)$

3.3 프레네-세레 공식 (Frenet-Serret formulas)

우리는 단위접선벡터 $\mathbf{T}$, 단위종법선벡터 $\mathbf{B}$ 의 미분에 대한 공식을 이미 알아봤다. 단위법선벡터의 미분에 대한 공식도 있을 것이다. 장 프레데릭 프레네 (Jean Frédéric Frenet) 와 조제프 알프레드 세레 (Joseph Alfred Serret) 가 독립적으로 공식을 증명하였다. 따라서 두 수학자의 이름을 붙여서 프레네-세레 공식이라 부른다.

정리 3.1 (프레네-세레 공식)

단위속력곡선 $\alpha : (a, b) \to \mathbb{R}^3$에 대하여 단위접선벡터 $\mathbf{T}$, 단위법선벡터 $\mathbf{N}$, 단위종법선벡터 $\mathbf{B}$과 곡률 κ와 비틀림률 τ에 대한 다음 공식이 성립한다.

$$\mathbf{T}'(s) = \kappa(s)\mathbf{N}(s) \tag{3.2}$$
$$\mathbf{N}'(s) = -\kappa(s)\mathbf{T}(s) + \tau(s)\mathbf{B}(s) \tag{3.3}$$
$$\mathbf{B}'(s) = -\tau(s)\mathbf{N}(s) \tag{3.4}$$

참고 3.4: 프레네-세레 공식을 간략히 표현하기 위하여 매개변수 s를 생략하고 행렬로 표현한다면 다음과 같다.

$$\begin{pmatrix} \mathbf{T}' \\ \mathbf{N}' \\ \mathbf{B}' \end{pmatrix} = \begin{pmatrix} 0 & \kappa & 0 \\ -\kappa & 0 & \tau \\ 0 & -\tau & 0 \end{pmatrix} \begin{pmatrix} \mathbf{T} \\ \mathbf{N} \\ \mathbf{B} \end{pmatrix}$$

Proof. 프레네-세레 공식 (3.2)과 (3.1)는 이미 증명을 하였다. 따라서

$$\mathbf{N}' = -\kappa\mathbf{T} + \tau\mathbf{B}$$

를 증명하자. 단위법선벡터의 미분도 $\mathbf{T}$, $\mathbf{N}$, $\mathbf{B}$의 일차결합으로 표현된다. 즉

$$\mathbf{N}' = a\mathbf{T} + b\mathbf{N} + c\mathbf{B}$$

로 표현되는 실수 a, b, c가 존재한다.

먼저 a를 구하기 위하여 양변에 $\mathbf{T}$를 내적하자.

$$\begin{aligned} \mathbf{N}' \cdot \mathbf{T} &= \big(a\mathbf{T} + b\mathbf{N} + c\mathbf{B}\big) \cdot \mathbf{T} \\ &= a\mathbf{T} \cdot \mathbf{T} + b\mathbf{N} \cdot \mathbf{T} + c\mathbf{B} \cdot \mathbf{T} \\ &= a \end{aligned}$$

$a = \mathbf{N}' \cdot \mathbf{T}$을 구하기 위하여 $\mathbf{N} \cdot \mathbf{T} = 0$의 양변에 미분연산을 시행한다.

$$\mathbf{N}' \cdot \mathbf{T} + \mathbf{N} \cdot \mathbf{T}' = 0$$

을 얻고 프레네-세레 공식 (3.2) $\mathbf{T}' = \kappa\mathbf{N}$을 적용하면 $a = \mathbf{N}' \cdot \mathbf{T} = -\mathbf{N} \cdot \kappa\mathbf{N} = -\kappa$을 얻는다.

b를 구하기 위하여 양변에 $\mathbf{N}$를 내적하자.

$$\begin{aligned} \mathbf{N}' \cdot \mathbf{N} &= \big(a\mathbf{T} + b\mathbf{N} + c\mathbf{B}\big) \cdot \mathbf{N} \\ &= a\mathbf{T} \cdot \mathbf{N} + b\mathbf{N} \cdot \mathbf{N} + c\mathbf{B} \cdot \mathbf{N} \end{aligned}$$

$$= b$$

$b = \mathbf{N}' \cdot \mathbf{N}$을 구하기 위하여 $\mathbf{N} \cdot \mathbf{N} = 1$의 양변에 미분연산을 시행한다.

$$2\mathbf{N}' \cdot \mathbf{N} = 0$$

를 통해 $b = 0$을 찾을 수 있다.

c를 구하기 위하여 양변에 $\mathbf{B}$를 내적하자.

$$\begin{aligned} \mathbf{N}' \cdot \mathbf{B} &= \big(a\mathbf{T} + b\mathbf{N} + c\mathbf{B}\big) \cdot \mathbf{B} \\ &= a\mathbf{T} \cdot \mathbf{B} + b\mathbf{N} \cdot \mathbf{B} + c\mathbf{B} \cdot \mathbf{B} \\ &= c \end{aligned}$$

$c = \mathbf{N}' \cdot \mathbf{B}$을 구하기 위하여 $\mathbf{N} \cdot \mathbf{B} = 0$의 양변에 미분연산을 시행한다.

$$\mathbf{N}' \cdot \mathbf{B} + \mathbf{N} \cdot \mathbf{B}' = 0$$

을 얻고 프레네-세레 공식 (3.1) $\mathbf{B}' = -\tau\mathbf{N}$을 적용하면 $c = \mathbf{N}' \cdot \mathbf{T} = -\mathbf{N} \cdot (-\tau\mathbf{N}) = \tau$을 얻는다. □

활동문제 3.7 (2018임용기출): 3차원 유클리드 공간 $\mathbb{R}^3$에서 $\alpha(2) = (0,0,0)$인 단위속력곡선(unit speed curve) $\alpha : \mathbb{R} \to \mathbb{R}^3$에 대하여 곡선 $\beta : \mathbb{R} \to \mathbb{R}^3$을

$$\beta(t) = \int_2^t \big(\alpha(s) + s^2\mathbf{N}(s)\big)ds$$

라 하자. 두 벡터 $\alpha'(s)$, $\beta''(2)$가 서로 수직일 때, $t = 2$에서 α의 곡률(curvature) κ의 값을 구하시오. [2점]

프레네-세레 공식을 이용하여 다음과 같은 정리를 증명할 수 있다. 이미 살펴본 바와 같이 평면 곡선이면 단위종법선벡터의 변화율 즉 비틀림률 $\tau = 0$일 것이다. 역으로도 성립한다.

정리 3.2

단위속력곡선 $\alpha : (a,b) \to \mathbb{R}^3$이 양수인 곡률 $\kappa > 0$ 라 하자. 곡선 α이 평면곡선일 필요충분조건은 $\tau = 0$이다.

Proof. 곡선 α이 점 $\mathbf{p}$를 지나고 법선벡터 $\mathbf{v}$인 평면 $(\mathbf{X}-\mathbf{p})\cdot\mathbf{v}=0$위에 있다고 가정하자. 즉, 모든 $s\in(a,b)$에 대하여

$$\big(\alpha(s)-\mathbf{p}\big)\cdot\mathbf{v}=0$$

를 만족한다. 양변을 미분하면

$$\alpha'(s)\cdot\mathbf{v}=0$$

이고 또 미분하면

$$\alpha''(s)\cdot\mathbf{v}=0$$

이다. 즉 벡터 $\mathbf{v}$가 단위접벡터 $\mathbf{T}$와 단위법벡터 $\mathbf{N}$에 수직이다. 따라서 단위종법선벡터

$$\mathbf{B}(s)=\pm\frac{\mathbf{v}}{\|\mathbf{v}\|}$$

이고 상수 벡터이다. 따라서 $\tau=-\mathbf{B}'\cdot\mathbf{N}=-\mathbf{0}\cdot\mathbf{N}=0$이다.

역으로 곡선 α의 비틀림률 $\tau=0$이라 하자. 프레네-세레 공식 $\mathbf{B}'=-\tau\mathbf{N}$에 의해 $\mathbf{B}'=\mathbf{0}$이다. 따라서 $\mathbf{B}$는 상수벡터이자 단위벡터이다. 직관적으로 $\mathbf{B}$가 곡선 α이 위치하는 평면의 법선벡터가 될 것으로 짐작된다. 평면이 지나는 점만 찾으면 되므로 실수 $s_0\in(a,b)$에 고정하고 점 $\alpha(s_0)$에 대하여 평면의 방정식을 $\big(\mathbf{X}-\alpha(s_0)\big)\cdot\mathbf{B}=0$이라 두자. 함수 $f(s)=\big(\alpha(s)-\alpha(s_0)\big)\cdot\mathbf{B}$라 정의하고 $f\equiv 0$임을 보이자. 미분하면

$$f'(s)=\alpha'(s)\cdot\mathbf{B}=\mathbf{T}\cdot\mathbf{B}=0$$

이고 $f(s_0)=0$이므로 곡선 α는 점 $\alpha(s_0)$을 지나고 법선벡터 $\mathbf{B}$인 평면 위에 있다. □

활동문제 3.8 (2017임용기출): 3차원 유클리드 공간$\mathbb{R}^3$의 한 평면에 있고 곡률(curvature)이 양인 단위속력곡선(unit speed curve) $\gamma:\mathbb{R}\to\mathbb{R}^3$에 대하여, 점 $\gamma(s)$에서의 접선벡터(tangent vector)를 $\mathbf{T}(s)$, 주법선벡터(principal normal vector)를 $\mathbf{N}(s)$이라 하자. 곡선 $\beta:\mathbb{R}\to\mathbb{R}^3$을 $\beta(s)=\frac{1}{2}\mathbf{T}(s)+\mathbf{N}(s)$로 정의할 때, 모든 양수 t에 대하여 $s=0$에서 $s=t$까지 곡선 β의 길이는 $3t$이다. $s=1$일 때, 곡선 γ의 곡률을 구하시오.

활동문제 3.9 (2019임용기출): 3차원 유클리드 공간$\mathbb{R}^3$에서 곡선 C이

$$C = \{(x, y, z) \in \mathbb{R}^3 \mid y = x^3 - ax + a,\ z = x - 1\}$$

일 때, 이 곡선의 비틀림률(열률, 꼬임률, torsion) τ을 구하시오.

반경이 r인 원은 단위속력곡선을 $\alpha(s) = \mathbf{p} + r\cos(s/r)\mathbf{e_1} + r\sin(s/r)\mathbf{e_2}$이라 두자. 단위접선벡터

$$\mathbf{T}(s) = -\sin\left(\frac{s}{r}\right)\mathbf{e_1} + \cos\left(\frac{s}{r}\right)\mathbf{e_2}$$

이고

$$\mathbf{T}'(s) = -1/r\cos\left(\frac{s}{r}\right)\mathbf{e_1} - 1/r\sin\left(\frac{s}{r}\right)\mathbf{e_2}$$

이다. 따라서 $\kappa = 1/r$이다. 단위종법선벡터

$$\begin{aligned}\mathbf{B}(s) &= \left(-\sin\left(\frac{s}{r}\right)\mathbf{e_1} + \cos\left(\frac{s}{r}\right)\mathbf{e_2}\right) \times \left(-\cos\left(\frac{s}{r}\right)\mathbf{e_1} - \sin\left(\frac{s}{r}\right)\mathbf{e_2}\right)\\ &= \left(\cos^2\left(\frac{s}{r}\right) + \sin^2\left(\frac{s}{r}\right)\right)\mathbf{e_1} \times \mathbf{e_2}\\ &= \mathbf{e_1} \times \mathbf{e_2}\end{aligned}$$

따라서 반경이 r인 원은 곡률 $1/r$이고 비틀림률이 0이다.

정리 3.3

단위속력곡선 α이 양수이고 상수인 곡률 $\kappa > 0$를 가지고 비틀림률이 $\tau = 0$이면, 곡선의 α는 반경 $\frac{1}{\kappa}$인 원이거나 원의 일부이다.

Proof. 접촉원과 마찬가지로 곡선위의 점 $\alpha(s)$에서 단위법선벡터 $\mathbf{N}(s)$ 방향으로 반경 $1/\kappa$만큼 이동한 점이 원의 중심으로 짐작한다. 따라서 $f(s) = \alpha(s) + \frac{1}{\kappa}\mathbf{N}(s)$가 상수벡터임을 보여야 한다. 함수 f를 미분하면

$$\begin{aligned}f'(s) &= \alpha'(s) + \frac{1}{\kappa}\mathbf{N}'(s)\\ &= \mathbf{T}(s) + \frac{1}{\kappa}\big(-\kappa\mathbf{T}(s) + \tau\mathbf{B}(s)\big)\\ &= \mathbf{T}(s) - \mathbf{T}(s) = \mathbf{0} \quad (\because \tau = 0)\end{aligned}$$

이다. 따라서 $\mathbf{c} = \alpha(s) + \frac{1}{\kappa}\mathbf{N}(s)$라 둘 수 있다. 즉 곡선 α는 구면

$$\| \mathbf{c} - \alpha(s) \| \quad = \quad \| \frac{1}{\kappa}\mathbf{N}(s) \| \quad = \quad \frac{1}{\kappa}$$

위에 있다. 또한 $\mathbf{B}'(s) = -\tau\mathbf{N}(s) = 0$이므로 $\mathbf{B}$는 상수 벡터이다. 방정식

$$\mathbf{B} \cdot \big(\alpha(s) - \mathbf{c}\big) = \mathbf{B} \cdot \frac{1}{\kappa}\mathbf{N}(s) = 0$$

을 만족하므로 곡선 α는 점 $\mathbf{c}$를 지나는 평면 위에도 있다. 따라서 곡선 α는 반경이 $\frac{1}{\kappa}$인 원이거나 원의 일부이다. □

3.4 비틀림률의 직관적인 의미

패러데이의 오른손법칙에 많이 나오는 그림처럼 오른손으로 엄지, 검지, 중지로 서로 수직인 손가락 모양을 만들어 보자. 이런 손가락 모양으로 곡선의 단위접선벡터 $\mathbf{T}$, 단위법선벡터 $\mathbf{N}$, 단위종법선벡터 $\mathbf{B}$와 프레네-세레 공식을 이용하여 비틀림률을 설명해보자. 먼저 $\mathbf{T}$는 검지에 일치시키고, $\mathbf{N}$는 중지에 , $\mathbf{B}$는 엄지에 일치시켜 패러데이의 오른손 모양을 만들자. 검지 $\mathbf{T}$, 중지 $\mathbf{N}$, 엄지 $\mathbf{B}$는 서로 수직이고 단위벡터이므로 각 손가락의 움직임이 다른 손가락에 영향을 미침을 유의하자. 직각을 유지하며 움직여야 한다.

단위속력곡선 α이 공간에서 한 점을 통과하며 그 점에서 $\mathbf{T}$, $\mathbf{N}$,$\mathbf{B}$와 곡률 κ과 비틀림률 τ을 알고 있다고 가정하자. 이 곡선의 한 점에서 정보만을 획득하였다고 가정한다. 더구나 편의상 $\kappa = 1$이라 가정하자. 이런 가정은 우리가 비틀림률에 대한 것에 관심을 집중하기 위하여 필요하다. 첫째로 검지 $\mathbf{T}$는 곡선의 진행방향을 지시한다. 중지 $\mathbf{N}$는 곡선이 구부러지는 방향을 지시한다.

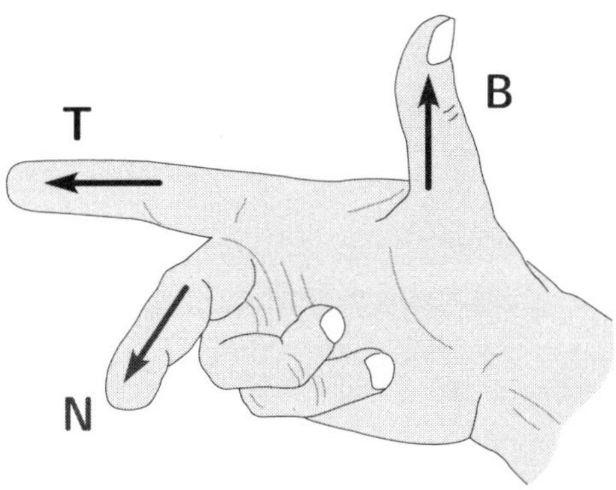

따라서 검지의 끝은 중지쪽으로 순간적으로 이동한다. 이미 언급한 대로 중지는 검지의 움직임에 따라 같이 회전하게 된다. 이것은 프레네-세레 공식

$$\mathbf{T}' = \kappa \mathbf{N}$$

에서도 확인된다.

현재 상태에서 만약 $\tau = 0$이면 $\mathbf{B}' = -\tau \mathbf{N} = 0$이므로 엄지 $\mathbf{B}$는 아무 변화가 없으므로 검지와 중지만이 움직임을 보일 것이다. 즉 엄지를 법선벡터로 가지는 평면 위에서 움직이는 것이 보인다.

만약 $\tau = 1$이면 $\mathbf{B}' = -\tau \mathbf{N} = -\mathbf{N}$이므로 엄지가 중지의 반대 방향으로 움직인다. 지금 검지와 엄지의 움직임이 동시에 일어나는 상황을 그려보자. 동시에 움직임을 이해하기 어려우므로 단계적으로 상상하자. 검지와 중지가 xy 평면에 있다고 가정하자. 즉 바닥과 평행하다고 가정하자. 먼저 엄지를 중지의 반대방향으로 밀면 자연스럽게 오른손 중지는 왼쪽 위를 가르킨다. 이 상태에서 검지가 중지방향으로 움직인다면 곡선의 진행방향은 접촉평면 즉 xy 평면위로 올라가는 방향이다.

이제 비틀림률이 음수인 상황을 그려보자. 만약 $\tau = -1$이면 $\mathbf{B}' = -\tau \mathbf{N} = \mathbf{N}$ 이므로 엄지가 중지의 방향으로 움직인다. 지금 검지와 엄지의 움직임이 동시에 일어나는 상황을 그려보자. 동시에 그림을 그리기 어려우므로 천천히 해보자. 마찬가지로 검지와 중지가 xy 평면에 있다고 가정하자. 즉 바닥과 평행하다고 가정하자. 먼저 엄지를 중지의 방향으로 밀면 자연스럽게 오른손 중지는 왼쪽 아래를 가르킨다. 이 상태에서 검지가 중지방향으로 움직인다면 곡선의 진행방향은 접촉평면 즉 xy 평면 아래로 내려가는 방향이다.

비틀림률의 절댓값이 클수록 엄지의 움직임은 더 빨리 중지방향으로 움직인다. 따라서 접촉평면에서 멀어지는 속력이 증가한다. 어쩌면 곡선의 진행방향에 비틀림률은 밧줄을 꼬는 것처럼 보인다.

제 4 장

정칙곡선의 곡률과 비틀림률

4.1 정칙곡선의 곡률

보기 1.12 의 곡선 $\alpha(t) = (t, t^2, t^4)$에 대하여 길이함수의 적분

$$s(t) = \int_0^t \sqrt{1 + 4u^2 + 16u^6}du$$

계산에 어려움이 많음을 알았다. 또한 이런 길이함수의 적분이 가능하더라도 역함수를 구하는 단계도 남아 있다.

보기 4.1: 곡선 $\alpha : (0, \infty) \to \mathbb{R}^3$을 $\alpha(t) = (t^2, \frac{\sqrt{6}}{2}t^4, t^6)$로 정의하자. 길이함수

$$\begin{aligned} s(t) &= \int_0^t \sqrt{4u^2 + 24u^6 + 36u^{10}}du \\ &= \int_0^t 2u(3u^4 + 1)du \\ &= t^6 + t^2 \end{aligned}$$

가 구해진다. 이 함수 $s(t) = t^6 + t^2$의 역함수를 공학용 계산기로 구하면 다음과 같다.

$$t(s) = \sqrt{\frac{\sqrt[3]{\sqrt{3}\sqrt{27s^2+4}+9s}}{\sqrt[3]{2}\ 3^{2/3}} - \frac{\sqrt[3]{2/3}}{\sqrt[3]{\sqrt{3}\sqrt{27s^2+4}+9s}}}$$

이 매개변수 변환을 이용하여 찾은 단위속력곡선 $\beta(s) = \alpha\big(t(s)\big)$의 형태가 정칙곡선 α보다 복잡하고 계산도 어렵다.

보기 4.2: 곡선 $\alpha : (0,\infty) \to \mathbb{R}^3$을 $\alpha(t) = \left(e^t, \sqrt{2}e^t(t^2 - 2t + 2), \frac{1}{5}t^5\right)$로 정의하자. 길이함수

$$\begin{aligned} s(t) &= \int_0^t \sqrt{e^{2u} + 2u^4e^u + u^8}du \\ &= \int_0^t (e^u + u^4)du \\ &= e^t + \frac{1}{5}t^5 \end{aligned}$$

가 구해진다. 이 함수 $s(t) = e^t + \frac{1}{5}t^5$의 역함수는 공학용 계산도구를 이용하더라도 알려진 함수의 형태로 나타낼 수 없다.

정칙곡선을 매개변수 변환을 통하여 단위속력곡선으로 이론적으로 바꿀 수는 있지만 실질적인 계산은 어렵다. 그래서 단위속력곡선으로 매개변수 변환을 하지말고 정칙곡선에서 곡률과 비틀림률을 계산해야 한다.

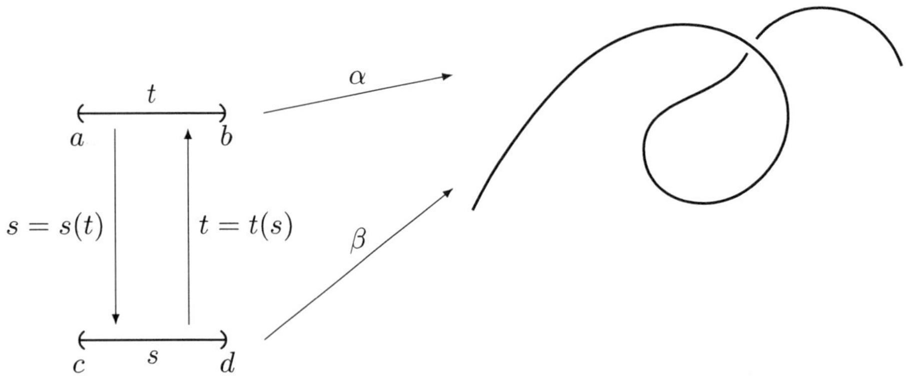

정의 4.1: 정칙곡선 $\alpha : (a, b) \to \mathbb{R}^3$에 대하여 길이함수 매개변수 변환을 통한 단위속력곡선 $\beta : (c, d) \to \mathbb{R}^3$이라 두자. 즉 $\beta(s) = \alpha\big(t(s)\big)$이다. 매개변수의 역함수로 변환하면 $\alpha(t) = \beta\big(s(t)\big)$이다. 곡선 α 위의 점 $\alpha(t)$에서 단위접선벡터 $\mathbf{T}_\beta(s)$ 로 정의한다. 변수 t와 곡선에 따른 오해를 피하기 위하여

$$\mathbf{T}_\alpha(t) = \mathbf{T}_\beta\big(s(t)\big)$$

로 정의한다. 마찬가지로 단위법선벡터 $\mathbf{N}_\alpha(t) = \mathbf{N}_\beta\big(s(t)\big)$, 단위종법선벡터 $\mathbf{B}_\alpha(t) = \mathbf{B}_\beta\big(s(t)\big)$로 정의한다.

또한 곡선 α의 곡률 $\kappa_\alpha(t) = \kappa_\beta\big(s(t)\big)$, 비틀림률 $\tau_\alpha(t) = \tau_\beta\big(s(t)\big)$ 로 정의한다.

참고 4.1: 단위접선벡터에 대해서 $\mathbf{T}_\alpha$와 $\mathbf{T}_\beta$가 구별이 확실한 경우에는 첨자를 표시하지 않고 $\mathbf{T}$라고 표기한다.

정리 4.1 (정칙곡선에 대한 프레네-세레 공식)

정칙곡선 $\alpha : (a, b) \to \mathbb{R}^3$에 대하여

$$\begin{aligned} \mathbf{T}'(t) &= \kappa(t)v(t)\mathbf{N}(t) \\ \mathbf{N}'(t) &= -\kappa(t)v(t)\mathbf{T}(t) + \tau(t)v(t)\mathbf{B}(t) \\ \mathbf{B}'(t) &= -\tau(t)v(t)\mathbf{N}(t) \end{aligned}$$

참고 4.2: 프레네-세레 공식을 간략히 표현하기 위하여 매개변수 t를 생략하고 행렬로 표현한다면 다음과 같다. 즉 단위속력곡선의 프레네-세레 공식에 속력 v가 곱해진 형태이다.

$$\begin{pmatrix} \mathbf{T}' \\ \mathbf{N}' \\ \mathbf{B}' \end{pmatrix} = \begin{pmatrix} 0 & \kappa v & 0 \\ -\kappa v & 0 & \tau v \\ 0 & -\tau v & 0 \end{pmatrix} \begin{pmatrix} \mathbf{T} \\ \mathbf{N} \\ \mathbf{B} \end{pmatrix}$$

참고 4.3: 정칙곡선의 프레네-세레 공식 증명은 합성함수 미분공식으로 쉽게 증명된다.

$$\begin{aligned} \frac{d}{dt}\mathbf{T}_\alpha(t) &= \frac{d}{dt}\Big(\mathbf{T}_\beta\big(s(t)\big)\Big) \\ &= \frac{d}{ds}\big(\mathbf{T}_\beta\big)\big(s(t)\big) \times \frac{ds}{dt}(t) \\ &= \kappa_\beta\big(s(t)\big)\mathbf{N}_\beta\big(s(t)\big) \times v(t) \\ &= \kappa_\alpha(t)v(t)\mathbf{N}_\alpha(t) \end{aligned}$$

간략히 표현하면

$$\frac{d}{dt}\mathbf{T} = \kappa v \mathbf{N}$$

이다. 나머지 증명은 활동문제로 남긴다.

활동문제 4.1: 정칙곡선에 대한 프레네-세레 공식을 증명하라.

주어진 정칙곡선 α는 미분을 적용하기 쉬운 반면 매개변수 변환에 의한 단위속력곡선 β는 구하기도 어렵고 미분을 적용하기 복잡하다고 생각하자. 우리가 원하는 것은 α에 대한 미분으로 $\mathbf{T}$, $\mathbf{N}$, $\mathbf{B}$, κ, τ를 구하는 공식을 유도하는 것이다. 먼저, 모든 $t \in (a,b)$에 대하여, 곡선 α와 β 사이에 다음 관계식이 성립한다.

$$\alpha(t) = \beta\big(s(t)\big)$$

양변에 변수 t에 대한 미분 $\frac{d}{dt}$을 적용하고 합성함수 미분공식을 사용하면

$$\begin{aligned}\frac{d\alpha}{dt}(t) &= \alpha'(t)\\ &= \frac{d\beta}{ds}\big(s(t)\big)\frac{ds}{dt}(t)\\ &= \mathbf{T}_\beta\big(s(t)\big) \parallel \alpha'(t) \parallel \qquad (\because \text{길이함수 정의})\\ &= v(t)\mathbf{T}_\alpha(t)\end{aligned}$$

를 얻는다. 간단히 변수 t와 첨자 α를 생략하고 적으면

$$\alpha' = v\mathbf{T}$$

이다. 정칙곡선의 속도벡터를 크기로 나누면 단위접선벡터를 구할 수 있다.

$$\mathbf{T} = \frac{\alpha'}{v} = \frac{\alpha'}{\parallel \alpha' \parallel}$$

곡선 α에 대한 한번 미분 공식 $\alpha'(t) = v(t)\mathbf{T}(t)$을 다시 미분해보자.

$$\begin{aligned}\frac{d^2\alpha}{dt^2}(t) &= \alpha''(t)\\ &= \frac{d}{dt}\bigg(v(t)\mathbf{T}(t)\bigg)\\ &= v'(t)\mathbf{T}(t) + v(t)\frac{d}{dt}\mathbf{T}(t)\\ &= v'(t)\mathbf{T}(t) + \big(v(t)\big)^2\kappa(t)\mathbf{N}(t)\end{aligned}$$

을 유도할 수 있다. 또한 간략히 표현하자면 $\alpha'' = v'\mathbf{T} + \kappa v^2\mathbf{N}$이다.

정리 4.2

정칙곡선 α에 대한 속도벡터와 가속도벡터에 대한 식을 구할 수 있다.

$$\alpha' = v\mathbf{T} \qquad \alpha'' = v'\mathbf{T} + \kappa v^2\mathbf{N} \tag{4.1}$$

정칙곡선 α에 대한 속력 $v(t)$가 상수일 필요충분조건이 α'과 α''이 수직임을 알수 있다. 속력의 변화율에 따라 단위접선벡터 성분이 가속도벡터에 얼마나 반영되는지를 측정할 수 있다.

공식 (4.1)에서 우리는 곡률에 대한 정보를 얻기 위하여 속도벡터 α'과 가속도벡터 α''에 적당한 벡터 연산을 시행하여야 한다. 벡터 연산은 내적과 벡터곱이 대표적이다. 내적 연산은 $\mathbf{T}$와 $\mathbf{N}$이 수직이므로 내적으로 원하는 정보를 얻기 힘들다. 따라서 벡터곱을 하면

$$\begin{aligned} \alpha' \times \alpha'' &= v\mathbf{T} \times \left(v'\mathbf{T} + \kappa v^2\mathbf{N}\right) \\ &= \kappa v^3\mathbf{T} \times \mathbf{N} \\ &= \kappa v^3\mathbf{B} \end{aligned}$$

을 얻는다. 변수를 추가해서 표기해보면 $\alpha'(t) \times \alpha''(t) = \kappa(t)\big(v(t)\big)^3\mathbf{B}(t)$으로 쓸 수 있다.

보조정리 4.3

정칙곡선 α에 대해서 다음 공식을 만족한다.

$$\alpha' \times \alpha'' = \kappa v^3\mathbf{B} \tag{4.2}$$

공식 (4.2) 을 이용하면 두 가지를 계산할 수 있다. 첫째는 곡률 κ이다. 양변에 벡터의 크기를 취하면

$$\| \alpha' \times \alpha'' \| \;\; = \;\; \kappa v^3 \, \| \mathbf{B} \| \;\; = \;\; \kappa v^3$$

이다. 곡률에 대한 공식으로 정리하면

$$\kappa = \frac{\| \alpha' \times \alpha'' \|}{v^3} = \frac{\| \alpha' \times \alpha'' \|}{\| \alpha' \|^3}$$

을 얻는다.

둘째는 단위종법선벡터를 구할 수 있다. 공식 (4.2)에 의하면 $\| \alpha' \times \alpha'' \| = \kappa v^3$ 이므로

$$\mathbf{B} = \frac{\alpha' \times \alpha''}{\| \alpha' \times \alpha'' \|}$$

이다.

정칙곡선 α에 대해서 우리가 구한 공식으로 적용해서 구해보자.

보기 4.3: $\alpha(t) = (t, t^2, t^3)$라 두자. 공식을 이용하여 $\mathbf{T}$, $\mathbf{B}$, κ를 구해보자. 먼저 속도벡터와 가속도 벡터를 구하자.

$$\alpha'(t) = (1, 2t, 3t^2)$$
$$\alpha''(t) = (0, 2, 6t)$$

을 이용하여 속력과 $\alpha' \times \alpha''$를 구해보자.

$$v(t) = \sqrt{1 + 4t^2 + 9t^4}$$
$$\alpha'(t) \times \alpha''(t) = (6t^2, -6t, 2)$$

를 이용해서 곡률과 단위접선벡터, 단위종법선벡터를 구할 수 있다.

$$\mathbf{T} = \frac{(1, 2t, 3t^2)}{\sqrt{1 + 4t^2 + 9t^4}}, \ \mathbf{B} = \frac{(3t^2, -3t, 1)}{\sqrt{1 + 9t^2 + 9t^4}}, \ \kappa = 2\sqrt{\frac{1 + 9t^2 + 9t^4}{(1 + 4t^2 + 9t^4)^3}}$$

단위접선벡터와 단위종법선벡터를 구하면 단위법선벡터는 $\mathbf{N} = \mathbf{B} \times \mathbf{T}$로 구할 수 있다.

$$\mathbf{N} = \frac{(3t^2, -3t, 1)}{\sqrt{1 + 9t^2 + 9t^4}} \times \frac{(1, 2t, 3t^2)}{\sqrt{1 + 4t^2 + 9t^4}} = \frac{(-2t - 9t^3, 1 - 9t^4, 3t + 6t^3)}{\sqrt{(1 + 4t^2 + 9t^4)(1 + 9t^2 + 9t^4)}}$$

활동문제 4.2 (2019임용기출): 3차원 유클리드 공간$\mathbb{R}^3$에서 곡선 C가

$$C = \{(x, y, z) \in \mathbb{R}^3 \mid y = x^3 - ax + a, \ z = x - 1\}$$

일 때, 이 곡선의 비틀림률(열률, 꼬임률, torsion) τ을 구하시오. 또한 점 $(1, 1, 0)$에서 곡선 C의 곡률(curvature)이 3이 되도록 하는 a의 값을 구하시오. (단, a는 상수이다.) [2점]

4.2 정칙곡선의 비틀림률

정칙곡선의 곡률과 단위접선벡터, 단위종법선벡터를 구했다. 이제는 비틀림률을 구해보자. 정칙곡선 α의 미분 공식 (4.1) 을 다시 보자.

$$\alpha' = v\mathbf{T} \qquad \alpha'' = v'\mathbf{T} + \kappa v^2\mathbf{N}$$

먼저 상황을 다시 돌아보면 정칙곡선 α의 미분은 적분보다 쉽게 구해진다. 따라서 정칙곡선 α의 세번째 미분을 구해보자. 먼저 간략화된 공식에서 변수 t를 되살려 보자.

$$\alpha''(t) = v'(t)\mathbf{T}(t) + \kappa(t)\big(v(t)\big)^2\mathbf{N}(t)$$

이제 미분을 해보자.

$$\begin{aligned}\alpha'''(t) &= v''(t)\mathbf{T}(t) + v'(t)\frac{d}{dt}\Big(\mathbf{T}(t)\Big)\\ &\quad + \frac{d}{dt}\Big(\kappa(t)\big(v(t)\big)^2\Big)\mathbf{N}(t) + \kappa(t)\big(v(t)\big)^2\frac{d}{dt}\Big(\mathbf{N}(t)\Big)\\ &= v''(t)\mathbf{T}(t) + v'(t)\kappa(t)v(t)\mathbf{N}(t)\\ &\quad + \frac{d}{dt}\Big(\kappa(t)\big(v(t)\big)^2\Big)\mathbf{N}(t) + \kappa(t)\big(v(t)\big)^2\Big(-\kappa(t)v(t)\mathbf{T}(t) + \tau(t)v(t)\mathbf{B}(t)\Big)\end{aligned}$$

이식에서 비틀림률 τ가 포함되어 있는 항이 $\kappa(t)\big(v(t)\big)^3\tau(t)\mathbf{B}(t)$이다. 식 (4.2) 을 참조하면

$$\alpha' \times \alpha'' = \kappa v^3\mathbf{B}$$

이므로 $\alpha' \times \alpha''$와 α'''을 내적하면

$$\alpha' \times \alpha'' \cdot \alpha''' = (\kappa v^3)^2\tau$$

이다. $\| \alpha' \times \alpha'' \| = \kappa v^3$이므로 비틀림률은

$$\tau = \frac{\alpha' \times \alpha'' \cdot \alpha'''}{\| \alpha' \times \alpha'' \|^2}$$

이 성립한다.

정리 4.4

정칙곡선 α에 대하여 단위접선벡터, 단위법선벡터, 단위종법선벡터와 곡률

비틀림률에 대한 공식은 다음과 같다.

$$\mathbf{T} = \frac{\alpha'}{\| \alpha' \|}$$

$$\mathbf{N} = \mathbf{B} \times \mathbf{T}$$

$$\mathbf{B} = \frac{\alpha' \times \alpha''}{\| \alpha' \times \alpha'' \|}$$

$$\kappa = \frac{\| \alpha' \times \alpha'' \|}{\| \alpha' \|^3}$$

$$\tau = \frac{\alpha' \times \alpha'' \cdot \alpha'''}{\| \alpha' \times \alpha'' \|^2}$$

보기 4.4: 공간속의 점 $\mathbf{p}$와 틀 $\mathbf{e_1}$, $\mathbf{e_2}$, $\mathbf{e_3} = \mathbf{e_1} \times \mathbf{e_2}$, 양수 a와 영 아닌 실수 $b \neq 0$에 대하여 일반적인 나선을 다음과 같이 정의한다.

$$\alpha(t) = \mathbf{p} + (a\cos t)\mathbf{e_1} + (a\sin t)\mathbf{e_2} + (bt)\mathbf{e_3}$$

이 나선에 대한 $\mathbf{T}$, $\mathbf{N}$, $\mathbf{B}$과 κ , τ를 구해보자. 미분을 통하여

$$\begin{aligned} \alpha'(t) &= (-a\sin t)\mathbf{e_1} + (a\cos t)\mathbf{e_2} + b\mathbf{e_3} \\ \alpha''(t) &= (-a\cos t)\mathbf{e_1} - (a\sin t)\mathbf{e_2} \\ \alpha'''(t) &= (a\sin t)\mathbf{e_1} - (a\cos t)\mathbf{e_2} \end{aligned}$$

을 얻는다. 따라서 $v(t) = \| (-a\sin t)\mathbf{e_1} + (a\cos t)\mathbf{e_2} + b\mathbf{e_3} \| = \sqrt{a^2 + b^2}$ 이다.

$$\begin{aligned} \alpha' \times \alpha'' &= \big((-a\sin t)\mathbf{e_1} + (a\cos t)\mathbf{e_2} + b\mathbf{e_3}\big) \times \big((-a\cos t)\mathbf{e_1} - (a\sin t)\mathbf{e_2}\big) \\ &= a^2(\sin^2 t + \cos^2 t)\mathbf{e_1} \times \mathbf{e_2} - (ab\cos t)\mathbf{e_3} \times \mathbf{e_1} - (ab\sin t)\mathbf{e_3} \times \mathbf{e_2} \\ &= a^2\mathbf{e_3} - (ab\cos t)\mathbf{e_2} + (ab\sin t)\mathbf{e_1} \end{aligned}$$

이고 $\| \alpha' \times \alpha'' \| = \sqrt{a^2(a^2 + b^2)}$ 이다. 따라서 곡률은 $\kappa = \frac{a}{a^2+b^2}$ 이다. 삼중적은 다음과 같이 계산된다.

$$\begin{aligned} \alpha' \times \alpha'' \cdot \alpha''' &= \Big(a^2\mathbf{e_3} - (ab\cos t)\mathbf{e_2} + (ab\sin t)\mathbf{e_1}\Big) \cdot \Big((a\sin t)\mathbf{e_1} - (a\cos t)\mathbf{e_2}\Big) \\ &= a^2 b\sin^2 t + a^2 b\cos^2 t = a^2 b \end{aligned}$$

결론적으로

$$\mathbf{T} = \frac{(-a\sin t)\mathbf{e_1} + (a\cos t)\mathbf{e_2} + b\mathbf{e_3}}{\sqrt{a^2 + b^2}}$$

$$\mathbf{B} = \frac{(b\sin t)\mathbf{e_1} - (b\cos t)\mathbf{e_2} + a\mathbf{e_3}}{\sqrt{a^2+b^2}}$$
$$\mathbf{N} = \mathbf{B}\times\mathbf{T} = (-\cos t)\mathbf{e_1} + (-\sin t)\mathbf{e_2}$$
$$\kappa = \frac{a}{a^2+b^2}$$
$$\tau = \frac{b}{a^2+b^2}$$

활동문제 4.3 (2020임용기출): 3차원 유클리드 공간 $\mathbb{R}^3$에서 곡선

$$\gamma(t) = (2t - \cos t, t + \sin t, 2t + 1) \quad (0 < t < 2\pi)$$

위의 점 $\gamma(t_0)$에서의 접벡터(tangent vector)가 벡터 $(6, 2, 4)$와 평행하다. t_0의 값과 $t = t_0$일 때 곡선 γ의 비틀림률(열률, 꼬임률, torsion)을 각각 구하시오. [2점]

기출문제를 풀이할 때 일반적인 나선 $\alpha(t) = \mathbf{p} + (a\cos t)\mathbf{e_1} + (a\sin t)\mathbf{e_2} + (bt)\mathbf{e_3}$ 로 표현되도록 점 $\mathbf{p}$와 틀 $\mathbf{e_1}$, $\mathbf{e_2}$, $\mathbf{e_3} = \mathbf{e_1}\times\mathbf{e_2}$과 양수 a, 영 아닌 실수 $b \neq 0$를 구해라. 이를 이용하여 기출문제의 답을 구하라.

정리 4.5

단위속력곡선 $\alpha : (a, b) \to \mathbb{R}^3$에 대하여 적당한 양수 r인 존재하여 모든 $s \in (a, b)$에 대하여 다음을 만족한다.

$$\| \alpha(s) \| = r$$

그러면 곡선 α의 곡률 $\kappa \geq \frac{1}{r}$이다.

Proof. 단위속력곡선 α가 반경이 r인 구면 위에 있는 곡선이다. 구면에서 원점을 통과하는 평면과 교선 즉 대원은 반경이 r인 원이다. 이 원의 곡률은 $1/r$이다. 단위속력곡선 $\alpha(s)\cdot\alpha(s) = r^2$으로 표현된다. 양변을 미분하면

$$\alpha'(s)\cdot\alpha(s) = 0$$

즉 $\mathbf{T}(s)\cdot\alpha(s) = 0$이므로 한번더 미분을 하면

$$\begin{aligned} 0 &= \mathbf{T}'(s)\cdot\alpha(s) + \mathbf{T}(s)\cdot\alpha'(s) \\ &= \kappa(s)\mathbf{N}(s)\cdot\alpha(s) + \mathbf{T}(s)\cdot\mathbf{T}(s) \end{aligned}$$

$$= \kappa(s)\mathbf{N}(s)\cdot\alpha(s) + 1$$

따라서

$$는\kappa(s) = -\frac{1}{\mathbf{N}(s)\cdot\alpha(s)}$$

이다. $\kappa \geq 0$이므로

$$\kappa(s) = \left|\frac{1}{\mathbf{N}(s)\cdot\alpha(s)}\right| \geq \frac{1}{\parallel \mathbf{N}(s) \parallel\parallel \alpha(s) \parallel} = \frac{1}{r}$$

이다. □

참고 4.4: 증명에서 부등식 $\mathbf{N}(s)\cdot\alpha(s) \leq \parallel \mathbf{N}(s) \parallel \parallel \alpha(s) \parallel$에서 등호가 성립할 조건이 $\mathbf{N}$와 $\alpha(s)$가 평행일 때이다. 즉 반경이 가장 큰 원일 때 등호가 성립한다.

제 5 장

거리를 보존하는 사상

5.1 방향(Orientation)이란?

"방향이란 무엇일까?"라는 질문에 대한 답을 해보고자 한다. 우리가 다루는 대상체는 공간 $\mathbb{R}^3$에 있으므로 공간에서 방향을 다루어야 한다. 일차원 공간에서 먼저 고민해보자. 실수축에서 점 p에서는 왼쪽과 오른쪽 두 가지 방향으로만 존재한다. 마찬가지로 다른 점 q, r에서도 두 가지 방향을 나타낸다. 이 방향을 표현하는 방법은 실수의 부호로 판단할 수 있다. 실수 a가 점 p의 어느 방향에 위치하는지를 결정하는 숫자는

$$a - p$$

이고 이것의 부호가 오른쪽에 위치하는지 왼쪽에 위치하는지 결정한다. 그럼 $a - p$는 일차원 벡터로 해석하면 시점이 p이고 끝점이 a인 벡터이다. 일차원 벡터의 부호가 왼쪽 오른쪽을 결정한다.

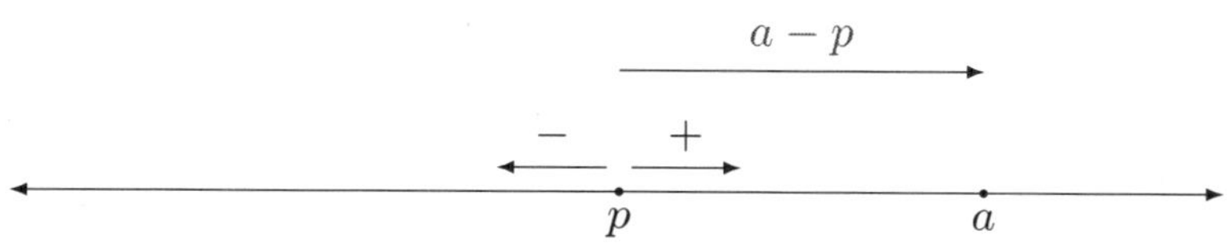

평면에서는 무엇이 방향을 결정하는가? 여기서 우리는 일차원과 마찬가지로

점마다 방향을 줄 수 있어야 한다. 아래 그림과 같이 수많은 종류의 방향이 있다. 그림과 같은 방향이 아니라, 시계방향 혹은 반시계방향이라 불리는 방향이 필요하다. 운동장을 달릴 때 반시계방향으로 달리는 것이 자연스러운 것처럼, 우리가 시계방향인지 반시계방향인지를 측정하는 값을 찾아내야 한다.

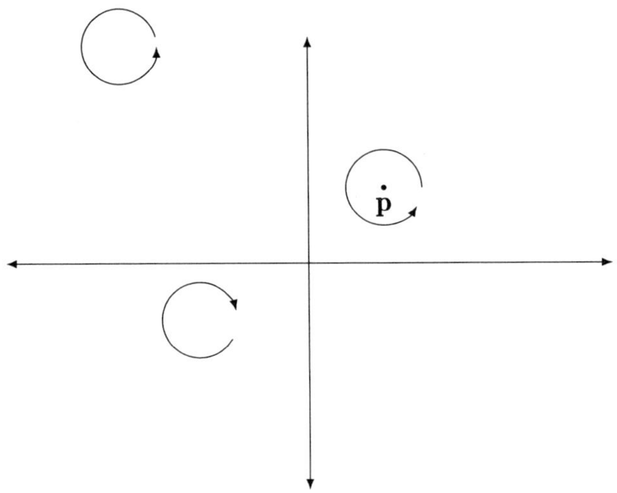

진행방향의 개념으로 이해를 하려면 시점과 끝점을 지정하는 벡터가 방향을 나타낸다고 볼 수 있다. 만약 벡터라면 평면에서 방향을 나타내는 것은 크기가 1인 단위벡터만을 고려하면 된다. 이런 경우에는 수없이 많은 방향이 존재한다고 할 수 있다. 기하적인 합동의 관점에서 바라볼 때 다음 두 삼각형이 합동으로 만드는 것은 무엇인지 생각해보자.

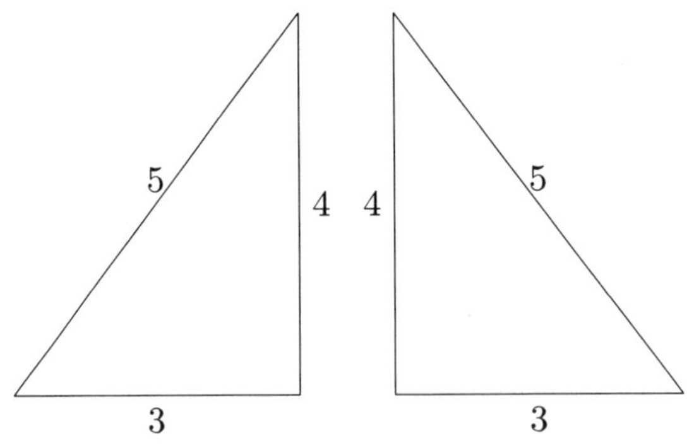

두 삼각형은 회전이동과 평행이동으로 합동을 만들 수 없다. 직선에 대한 대칭이동으로 삼각형을 포갤수 있다. 기하적인 관점에서 대칭이동이 꼭 필요한 경우와 필요 없는 경우를 나누는 기준은 없을까? 라는 고민을 한다면 당연히 두 삼각형 변의 순서를 고려해야 한다. 즉 반시계방향인지 시계방향인지에 대한 의논이 필요하다.

이런 의미의 방향은 회전 방향을 나타내고 점 **p**에서 회전방향을 결정하는 무엇인가 있어야 한다. 점 **p**를 시점으로 하는 두 벡터 **v**, **w**를 고려하게 된다.

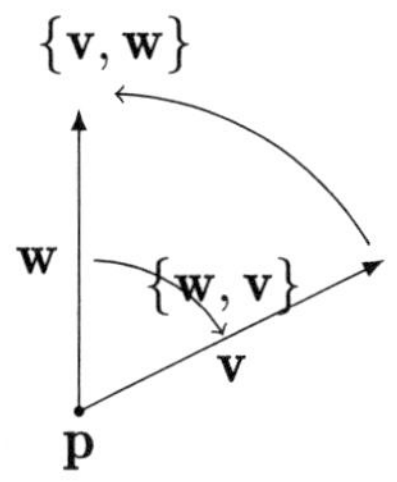

두 벡터 $\{\mathbf{v}, \mathbf{w}\}$와 $\{\mathbf{w}, \mathbf{v}\}$는 다른 것으로 고려해야 한다. 전자 $\{\mathbf{v}, \mathbf{w}\}$는 벡터 **v**에서 벡터 **w**로 그림처럼 반시계방향을 가지는 것을 의미한다. 후자 $\{\mathbf{w}, \mathbf{v}\}$는 벡터 **w**에서 벡터 **v**로 그림처럼 시계방향을 가지는 것을 의미한다. 만약 두 벡터가 평행하다면 회전방향을 결정할 수 없다. 일차독립인 두 벡터를 고려해야 한다. 일차독립이 아닌 두 벡터는 두 벡터를 행벡터로 가지는 행렬식이 0이다. 따라서 행렬식에 회전방향에 대한 단서가 있을 것이다.

예를 들어 벡터 $\mathbf{v} = (1, 1)$라 가정하자. 시점을 원점 $(0, 0)$이라 가정한다. 다른 벡터 $\mathbf{w} = (x, y)$라 두면 행렬식

$$\det \begin{pmatrix} 1 & 1 \\ x & y \end{pmatrix} = y - x > 0$$

라는 말은 벡터 **w**의 끝점이 직선 $y = x$의 위쪽 영역에 존재한다.

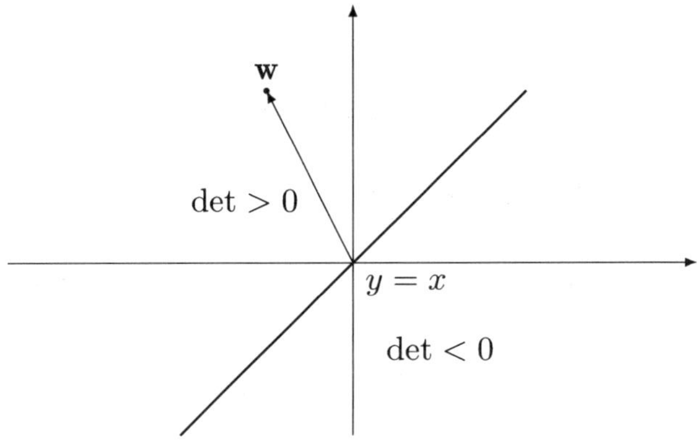

일반적으로 두 벡터 $\{\mathbf{v}, \mathbf{w}\}$에 대한 행렬식

$$\det \begin{pmatrix} \mathbf{v} \\ \mathbf{w} \end{pmatrix}$$

부호가 방향을 결정한다.

삼차원 공간에서 방향의 정의도 마찬가지로 일차독립인 세 행벡터 $\mathbf{u}, \mathbf{v}, \mathbf{w}$에 대하여

$$\det \begin{pmatrix} \mathbf{u} \\ \mathbf{v} \\ \mathbf{w} \end{pmatrix} = \mathbf{u} \times \mathbf{v} \cdot \mathbf{w}$$

의 부호가 결정할 것이다. 세 벡터의 행렬식은 벡터의 삼중적과 같다. θ가 벡터 $\mathbf{u} \times \mathbf{v}$와 $\mathbf{w}$의 사잇각이라 할 때 $\mathbf{u} \times \mathbf{v} \cdot \mathbf{w} = \| \mathbf{u} \times \mathbf{v} \| \| \mathbf{w} \| \cos\theta$ 이다. 행렬식이 양수이려면 사잇각 θ가 예각이어야 한다. 즉 두 벡터로 $\mathbf{u}$와 $\mathbf{v}$로 생성된 평면이 공간을 둘로 분할한다. 분할된 영역 중 $\mathbf{u} \times \mathbf{v}$ 방향의 공간에 벡터 $\mathbf{w}$가 있으면 양수이고 반대영역에 있으면 음수이다.

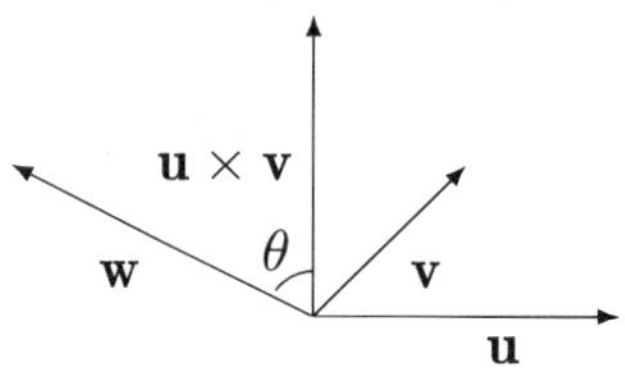

세 벡터가 오른손좌표계에 따르면 양수, 왼손좌표계에 따르면 음수이다.

정의 5.1: 일차 독립인 세 벡터 $\mathbf{u}, \mathbf{v}, \mathbf{w}$에 대하여

$$\det \begin{pmatrix} \mathbf{u} \\ \mathbf{v} \\ \mathbf{w} \end{pmatrix} = \mathbf{u} \times \mathbf{v} \cdot \mathbf{w}$$

가 양수이면 벡터가 **양의방향 혹은 오른손좌표계**이라 하고 $\det \begin{pmatrix} \mathbf{u} \\ \mathbf{v} \\ \mathbf{w} \end{pmatrix} = \mathbf{u} \times \mathbf{v} \cdot \mathbf{w}$ 가 음수이면 **음의방향 혹은 왼손좌표계**이라 한다.

활동문제 5.1: 삼차원 공간에서 점 $\mathbf{p}$에서 틀 $\mathbf{e}_1$, $\mathbf{e}_2$, $\mathbf{e}_3$에 대하여

$$\det \begin{pmatrix} \mathbf{e}_1 \\ \mathbf{e}_2 \\ \mathbf{e}_3 \end{pmatrix} = \mathbf{e}_1 \times \mathbf{e}_2 \cdot \mathbf{e}_3 = \pm 1$$

를 보여라.

일차독립인 세 벡터에 대한 방향에 대한 정의보다 점 $\mathbf{p}$에서 틀에 대한 정의를 하는 것이 이해하기는 좋은 편이다. 우리가 좌표계라 함은 서로 수직인 벡터를 고려하므로 틀에 대한 방향을 고려하는 것이 바람직하다. 방향이 회전방향이라 생각한다면 점마다 방향을 정의하는 것도 합당하다. 따라서 점을 고정하고 그 점을 시점으로 하는 틀에 대한 방향을 정의해야 한다.

정의 5.2: 점 $\mathbf{p}$에서의 틀 $\mathbf{e_1}$, $\mathbf{e_2}$, $\mathbf{e_3}$에 대하여

$$\det\begin{pmatrix}\mathbf{e_1}\\ \mathbf{e_2}\\ \mathbf{e_3}\end{pmatrix} = \mathbf{e_1}\times\mathbf{e_2}\cdot\mathbf{e_3}$$

가 1이면 점 $\mathbf{p}$에서의 틀 $\mathbf{e_1}$, $\mathbf{e_2}$, $\mathbf{e_3}$이 '**오른손좌표계 혹은 양의방향을 가진다**' 라고 한다. $\det\begin{pmatrix}\mathbf{e_1}\\ \mathbf{e_2}\\ \mathbf{e_3}\end{pmatrix} = \mathbf{e_1}\times\mathbf{e_2}\cdot\mathbf{e_3}$가 -1이면 '**왼손좌표계 혹은 음의방향을 가진다**' 라고 한다.

참고 5.1: 틀 $\mathbf{e_1}$, $\mathbf{e_2}$, $\mathbf{e_3}$이 오른손좌표계를 가지면 세 벡터가 오른손의 엄지, 검지, 중지에 해당하는 수직인 오른손 모양과 일치한다. 틀 $\mathbf{e_1}$, $\mathbf{e_2}$, $\mathbf{e_3}$이 왼손좌표계를 가지면 왼손의 엄지, 검지, 중지에 일치하는 그림과 같다.

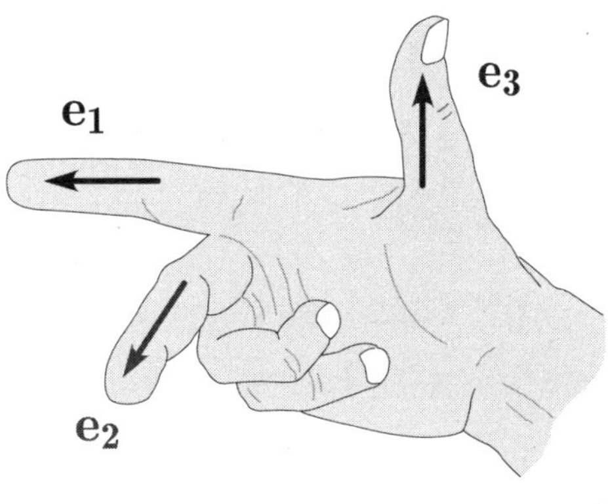

참고 5.2: 틀 $\mathbf{e_1}$, $\mathbf{e_2}$, $\mathbf{e_3}$이 오른손좌표계를 가지면 세 벡터의 벡터곱 사이에는 다음과 같은 관계가 있다.

$$\mathbf{e_1}\times\mathbf{e_2} = \mathbf{e_3} = -\mathbf{e_2}\times\mathbf{e_1}$$

$$\mathbf{e_2} \times \mathbf{e_3} = \mathbf{e_1} = -\mathbf{e_3} \times \mathbf{e_2}$$
$$\mathbf{e_3} \times \mathbf{e_1} = \mathbf{e_2} = -\mathbf{e_1} \times \mathbf{e_3}$$

5.2 거리를 보존하는 사상

삼차원 공간에서 두 점 사이의 거리는 유클리드 거리로 정의한다.

정의 5.3: 점 $\mathbf{p} = (p_1, p_2, p_3)$과 점 $\mathbf{q} = (q_1, q_2, q_3)$ 사이 유클리드 거리 $d(\mathbf{p}, \mathbf{q})$는

$$d(\mathbf{p}, \mathbf{q}) = \| \mathbf{p} - \mathbf{q} \| = \sqrt{(p_1 - q_1)^2 + (p_2 - q_2)^2 + (p_3 - q_3)^2}$$

로 정의한다.

참고 5.3: 대학에서는 일반적인 거리에 대한 정의를 하고 택시거리 등의 다양한 거리를 정의하기도 한다. 이 책의 목표를 위하여 우리는 유클리드 거리만을 다룬다.

정의 5.4: 삼차원 공간 $\mathbb{R}^3$에 정의된 함수 $F : \mathbb{R}^3 \to \mathbb{R}^3$가 모든 점 $\mathbf{p}$, $\mathbf{q}$에 대하여

$$d\big(F(\mathbf{p}), F(\mathbf{q})\big) = d(\mathbf{p}, \mathbf{q})$$

를 만족하면 **거리를 보존하는 사상 혹은 등거리변환**(등장사상, Isometry)라고 한다.

참고 5.4: 이제는 등거리변환 F와 단위속력곡선 α을 고려하자. 두 함수의 합성을 통한 곡선 $\beta(s) = F \circ \alpha(s)$를 고려해보자. 등거리변환을 통한 곡선의 곡률과 비틀림률 등의 변화를 살펴보고자 한다. 이를 위해서 등거리변환의 종류에 대한 이해가 필요하다.

보기 5.1: 점 $\mathbf{a} = (a_1, a_2, a_3)$에 대한 평행이동 $T_{\mathbf{a}}$은 모든 점 $\mathbf{X} = (x, y, z)$에 대하여

$$T_{\mathbf{a}}(\mathbf{X}) = \mathbf{X} + \mathbf{a} = (x + a_1, y + a_2, z + a_3)$$

로 정의한다. 이때 $T_{\mathbf{a}}$는 $\mathbf{a}$만큼 평행이동하는 사상이다.

$$\begin{aligned} d\big(T_{\mathbf{a}}(\mathbf{X}), T_{\mathbf{a}}(\mathbf{Y})\big) &= \| \mathbf{X} + \mathbf{a} - \mathbf{Y} - \mathbf{a} \| \\ &= \| \mathbf{X} - \mathbf{Y} \| = d(\mathbf{X}, \mathbf{Y}) \end{aligned}$$

즉 평행이동은 거리를 보존하는 등거리변환이다. 평행이동은 선형변환이 아니다. 선형변환은 원점을 보존하므로 $\mathbf{a} = \mathbf{0}$인 경우에만 선형변환이다. $\mathbf{a} = \mathbf{0}$인 경우는 평행이동 $T_{\mathbf{a}} = T_{\mathbf{0}} = \mathrm{id}$이다.

시점이 $\mathbf{p}$이고 종점이 $\mathbf{q}$인 벡터 $\mathbf{v} = \mathbf{q} - \mathbf{p}$를 생각해보자. 평행이동 $T_{\mathbf{a}}$에 의해서 벡터 $\mathbf{v}$가 어디로 이동하는지 생각해보자. 당연하게도 벡터가 벡터로 이동할 것으로 예상되고 이 벡터를 $(T_{\mathbf{a}})_*(\mathbf{v})$로 표기하자. 이 벡터는 시점이 $T_{\mathbf{a}}(\mathbf{p})$이고 종점이 $T_{\mathbf{a}}(\mathbf{q})$라 고려해야 한다. 따라서

$$\begin{aligned} (T_{\mathbf{a}})_*(\mathbf{v}) &= T_{\mathbf{a}}(\mathbf{q}) - (T_{\mathbf{a}})(\mathbf{p}) \\ &= \mathbf{q} + \mathbf{a} - (\mathbf{p} + \mathbf{a}) \\ &= \mathbf{v} \end{aligned}$$

이다. 단 $(T_{\mathbf{a}})_*(\mathbf{v}) = \mathbf{v}$이지만, $(T_{\mathbf{a}})_*(\mathbf{v})$**의 시점은** $(T_{\mathbf{a}})(\mathbf{p}) = \mathbf{p} + \mathbf{a}$**으로 해석**하자. 이렇게 해석하는 이유는 주어진 정칙곡선 α가 평행이동을 통하여 옮겨진 새로운 곡선 $T_{\mathbf{a}} \circ \alpha$의 접벡터는 같지만, 시점은 평행이동한 시점의 접벡터로 해석해야 한다.

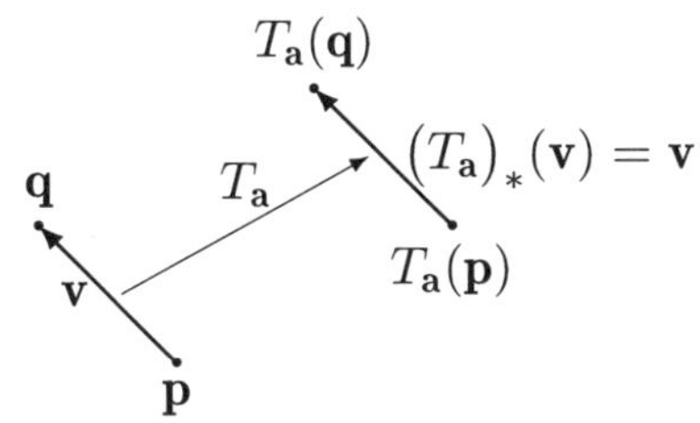

보기 5.2: 삼차원 공간에 평면 $\mathbf{P}$을 방정식 $\mathbf{n} \cdot (\mathbf{X} - \mathbf{p}) = 0$으로 표현하자. 단 $\mathbf{n}$은 평면에 수직인 단위법벡터 $\| \mathbf{n} \| = 1$이고 점 $\mathbf{p}$는 평면이 지나는 점이다. 이 평면 $\mathbf{P}$에 대한 대칭이동 $\mathrm{Ref}_{\mathbf{P}}$를 다음 두 가지 성질로 유도할 수 있다. $\mathrm{Ref}_{\mathbf{P}}(\mathbf{X}) - \mathbf{X}$와 $\mathbf{n}$은 평행이고 두 점 $\mathrm{Ref}_{\mathbf{P}}(\mathbf{X})$와 $\mathbf{X}$의 중점은 평면 위에 있다. 따라서 적당한 실수 t에 대해 다음을 만족한다.

$$\big(\mathrm{Ref}_{\mathbf{P}}(\mathbf{X}) - \mathbf{X}\big) = t\mathbf{n}$$

$$\mathbf{n}\cdot\left(\frac{\mathbf{X}+\mathrm{Ref}_{\mathbf{P}}(\mathbf{X})}{2}-\mathbf{p}\right)=0$$

첫째 식 $\mathrm{Ref}_{\mathbf{P}}(\mathbf{X})=\mathbf{X}+t\mathbf{n}$를 둘째 식에 넣으면

$$\begin{aligned}0&=\mathbf{n}\cdot\big(\mathbf{X}+\mathbf{X}+t\mathbf{n}-2\mathbf{p}\big)\\ t&=-2\mathbf{n}\cdot(\mathbf{X}-\mathbf{p})\end{aligned}$$

이 된다. 따라서 대칭이동

$$\mathrm{Ref}_{\mathbf{P}}(\mathbf{X})=\mathbf{X}-2\big(\mathbf{n}\cdot(\mathbf{X}-\mathbf{p})\big)\mathbf{n}$$

로 계산된다.

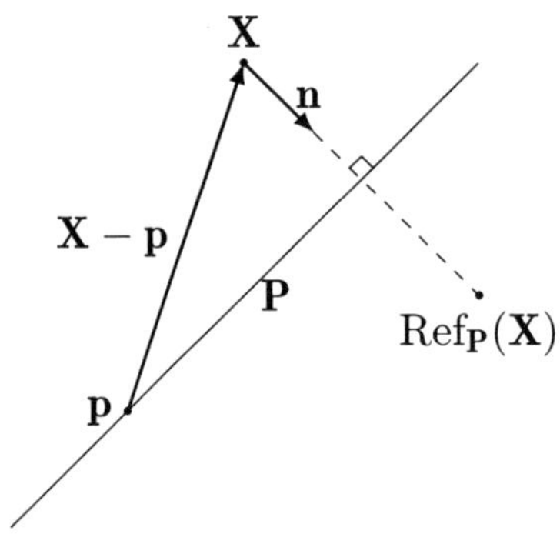

대칭이동이 등거리변환이 됨을 증명하는 문제는 활동문제로 남긴다.

평면 $\mathbf{P}: x+y+z-3=0$에 대한 대칭이동 $\mathrm{Ref}_{\mathbf{p}}$를 구해보자. 단위법벡터 $\mathbf{n}=\frac{1}{\sqrt{3}}(1,1,1)$이고 지나는 점 $\mathbf{p}=(3,0,0)$으로 두자. 그럼

$$\begin{aligned}\mathrm{Ref}_{\mathbf{P}}(x,y,z)&=(x,y,z)-\frac{2}{3}(x-3+y+z)(1,1,1)\\ &=\frac{1}{3}\big(x-2y-2z+6,-2x+y-2z+6,-2x-2y+z+6\big)\\ &=\frac{1}{3}\big(x-2y-2z,-2x+y-2z,-2x-2y+z\big)+(2,2,2)\end{aligned}$$

이 된다. 이 대칭이동 $\mathrm{Ref}_{\mathbf{P}}$에서 평행이동 $T_{(2,2,2)}$ 부분을 제외하면 선형변환에 해당한다. 선형변환은 행렬표현으로 바꿀 수 있으므로 대칭이동을 열벡터로 정리해보자.

$$\mathrm{Ref}_{\mathbf{P}}\begin{pmatrix}x\\y\\z\end{pmatrix}=\frac{1}{3}\begin{pmatrix}x-2y-2z\\-2x+y-2z\\-2x-2y+z\end{pmatrix}+\begin{pmatrix}2\\2\\2\end{pmatrix}$$

$$
\begin{aligned}
&= \frac{1}{3}\begin{pmatrix} 1 & -2 & -2 \\ -2 & 1 & -2 \\ -2 & -2 & 1 \end{pmatrix}\begin{pmatrix} x \\ y \\ z \end{pmatrix} + \begin{pmatrix} 2 \\ 2 \\ 2 \end{pmatrix} \\
&= A\begin{pmatrix} x \\ y \\ z \end{pmatrix} + \mathbf{a}, \quad \left(A = \frac{1}{3}\begin{pmatrix} 1 & -2 & -2 \\ -2 & 1 & -2 \\ -2 & -2 & 1 \end{pmatrix}, \mathbf{a} = \begin{pmatrix} 2 \\ 2 \\ 2 \end{pmatrix} \right) \\
&= L_A(\mathbf{X}) + \mathbf{a}, \quad \big(L_A(\mathbf{X}) = A\mathbf{X}\big) \\
&= T_{\mathbf{a}} \circ L_A(\mathbf{X})
\end{aligned}
$$

여기서 행렬 A는 직교행렬 ($AA^t = A^tA = E$ 단위행렬)이 된다. 행렬 A의 열벡터를 $\mathbf{e_1}$, $\mathbf{e_2}$, $\mathbf{e_3}$이라 두자. 그러면 행렬 A가 직교 행렬일 필요충분조건은 $\mathbf{e_1}$, $\mathbf{e_2}$, $\mathbf{e_3}$은 틀이다. 바꾸어 말하면

$$
\begin{aligned}
\mathbf{e_1} &= \frac{1}{3}(1, -2, -2) \\
\mathbf{e_2} &= \frac{1}{3}(-2, 1, -2) \\
\mathbf{e_3} &= \frac{1}{3}(-2, -2, 1)
\end{aligned}
$$

은 서로 수직이고 크기가 1이다. 또한 이 행렬의 행렬식은 $\det A = -1$임을 계산할 수 있다.

평행이동과 마찬가지로 벡터 $\mathbf{v}$를 대칭이동 $\mathrm{Ref}_{\mathbf{P}}$가 어떻게 바꾸는지 알아보자. 벡터 $\mathbf{v}$의 시점과 종점을 각각 $\mathbf{q}$, $\mathbf{r}$이라 하자. 대칭이동에 대한 변환된 벡터는 평행이동과 마찬가지로 $(\mathrm{Ref}_{\mathbf{P}})_*(\mathbf{v})$로 표기하고 시점과 종점이 각각 $\mathrm{Ref}_{\mathbf{P}}(\mathbf{q})$, $\mathrm{Ref}_{\mathbf{P}}(\mathbf{r})$이라 하자. 그러면

$$
\begin{aligned}
(\mathrm{Ref}_{\mathbf{P}})_*(\mathbf{v}) &= \mathrm{Ref}_{\mathbf{P}}(\mathbf{r}) - \mathrm{Ref}_{\mathbf{P}}(\mathbf{q}) \\
&= A\mathbf{r} + \mathbf{a} - \big(A\mathbf{q} + \mathbf{a}\big) \\
&= A\big(\mathbf{r} - \mathbf{q}\big) \\
&= A\mathbf{v}
\end{aligned}
$$

이고 벡터 $(\mathrm{Ref}_{\mathbf{P}})_*(\mathbf{v}) = A\mathbf{v}$의 시점은 $\mathrm{Ref}_{\mathbf{P}}(\mathbf{q})$로 해석해야 한다.

활동문제 5.2: 대칭이동

$$
\mathrm{Ref}_{\mathbf{P}}(\mathbf{X}) = \mathbf{X} - 2\big(\mathbf{n} \cdot (\mathbf{X} - \mathbf{p})\big)\mathbf{n}
$$

에 대하여 등거리변환임을 증명하라.

활동문제 5.3: 대칭이동 $\mathrm{Ref}_{\mathbf{P}}(\mathbf{X}) = \mathbf{X} - 2\big(\mathbf{n}\cdot(\mathbf{X}-\mathbf{p})\big)\mathbf{n}$가 선형변환일 필요충분조건은 평면 $\mathbf{P}$가 원점을 지나는 것임을 보여라.

활동문제 5.4: 대칭이동

$$\mathrm{Ref}_{\mathbf{P}}(\mathbf{X}) = \mathbf{X} - 2\big(\mathbf{n}\cdot(\mathbf{X}-\mathbf{p})\big)\mathbf{n}$$

에 대하여 $\mathrm{Ref}_{\mathbf{P}}(\mathbf{X}) = L_A(\mathbf{X}) + \mathbf{a}$이 되는 선형변환 부분 L_A과 평행이동부분 $T_{\mathbf{a}}$을 구하라. 또한 행렬 A이 직교행렬이고 $\det A = -1$임을 보여라.

활동문제 5.5: 행렬 A가 직교행렬일 필요충분조건은 행렬 A의 열벡터 $\mathbf{e_1}$, $\mathbf{e_2}$, $\mathbf{e_3}$가 틀임을 보여라.

활동문제 5.6: 평면 $ax + by + dz + d = 0$에서 실수 a, b, c, d를 정하고 이 평면에 대한 대칭이동을 찾고 직교행렬과 평행이동을 구하라.

보기 5.3: 회전이동을 정의하기 위하여 틀 $\mathbf{e_1}$, $\mathbf{e_2}$, $\mathbf{e_3}$을 고정하자. 회전이동은 회전하는 축을 정해야 한다. 회전축을 벡터 $\mathbf{e_3}$로 하자. 그러면 임의의 점(혹은 벡터) $\mathbf{X}$는 $\mathbf{X} = a\mathbf{e_1} + b\mathbf{e_2} + c\mathbf{e_3}$로 표현된다. 임의의 실수 θ에 대하여 회전이동 Rot_θ을 다음과 같이 정의한다.

$$\mathrm{Rot}_\theta(\mathbf{X}) = (a\cos\theta - b\sin\theta)\mathbf{e_1} + (a\sin\theta + b\cos\theta)\mathbf{e_2} + c\mathbf{e_3}$$

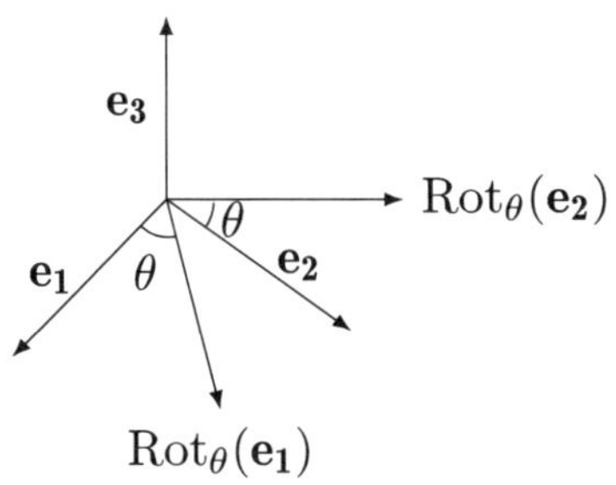

이렇게 정의된 회전이동 Rot_θ는 선형변환이다.

구체적인 예를 들어 회전이동을 구해보자. 틀 $\mathbf{e_1}$, $\mathbf{e_2}$, $\mathbf{e_3}$을 다음과 같이 두자. 또한 $\theta = \frac{\pi}{6}$이라 두자.

$$\mathbf{e_1} = \frac{1}{3}(1, -2, -2)$$

$$\mathbf{e_2} = \frac{1}{3}(-2, 1, -2)$$
$$\mathbf{e_3} = \frac{1}{3}(-2, -2, 1)$$

먼저 점 $\mathbf{X} = (x, y, z)$이라 두고 $\mathbf{X} = a\mathbf{e_1} + b\mathbf{e_2} + c\mathbf{e_3}$인 실수 a, b, c를 구하자.

$$a = \mathbf{X} \cdot \mathbf{e_1} = \frac{x - 2y - 2z}{3}$$
$$b = \mathbf{X} \cdot \mathbf{e_2} = \frac{-2x + y - 2z}{3}$$
$$c = \mathbf{X} \cdot \mathbf{e_3} = \frac{-2x - 2y + z}{3}$$

따라서

$$\begin{aligned}\mathrm{Rot}_\theta(x, y, z) &= (a\cos\theta - b\sin\theta)\mathbf{e_1} + (a\sin\theta + b\cos\theta)\mathbf{e_2} + c\mathbf{e_3} \\ &= \frac{1}{18}\begin{pmatrix} 8+5\sqrt{3} & 11-4\sqrt{3} & 2+2\sqrt{3} \\ 5-4\sqrt{3} & 8+5\sqrt{3} & -10+2\sqrt{3} \\ -10+2\sqrt{3} & 2+2\sqrt{3} & 2+8\sqrt{3} \end{pmatrix}\begin{pmatrix} x \\ y \\ z \end{pmatrix} \\ &= A\mathbf{X}\end{aligned}$$

로 계산된다. 행렬 A도 대칭이동 경우처럼 직교행렬임을 알 수 있다. 행렬 A의 열벡터도 틀이다. 이경우는 행렬 A의 행렬식 $\det A = 1$이 확인가능하다. 회전이동은 선형변환이 된다.

회전이동이 원점을 중심으로 회전하는 경우만 있지는 않다, 예를 들면 점 $\mathbf{p}$를 중심으로 틀 $\mathbf{e_1}$, $\mathbf{e_2}$, $\mathbf{e_3}$에 대해서 각 θ만큼 회전 이동의 정의는 다음과 같다.

$$\mathrm{Rot}_{\theta,\mathbf{p}}(\mathbf{X}) = \big(T_{\mathbf{p}} \circ \mathrm{Rot}_\theta \circ T_{-\mathbf{p}}\big)(\mathbf{X})$$

점 $\mathbf{p}$를 원점으로 이동 시키는 평행이동 $T_{-\mathbf{p}}$을 시행한 후 원점을 중심으로 회전이동 Rot_θ을 한다. 원점에서 점 $\mathbf{p}$로 평행이동 $T_{\mathbf{p}}$를 합성한다면 점 $\mathbf{p}$를 중심으로 회전하는 등거리변환을 만들수 있다. 회전변환을 나타내는 점 $\mathbf{p}$과 틀 $\mathbf{e_1}$, $\mathbf{e_2}$, $\mathbf{e_3}$은 유일하지 않다.

활동문제 5.7: 평면 $x+y+z=3$에 대한 대칭이동 Ref_1와 평면 $x+y+z=1$에 대한 대칭이동 Ref_2를 합성한 사상 $\mathrm{Ref}_1 \circ \mathrm{Ref}_2$이 평행이동임을 확인하라.

활동문제 5.8: 평면 $2x+y+z=3$에 대한 대칭이동 Ref_1와 평면 $x-y+2z=1$에 대한 대칭이동 Ref_2를 합성 $\mathrm{Ref}_1 \circ \mathrm{Ref}_2$이 회전이동임을 보여라. 즉 점 $\mathbf{p}$과

틀 $\mathbf{e}_1$, $\mathbf{e}_2$, $\mathbf{e}_3$을 구하라.

5.2.1 직교행렬과 직교변환

정의 5.5: 3×3 행렬 A가 **직교행렬**이라는 말은 $AA^t = A^tA = E$을 만족할 때이다. 단 E는 3차 단위행렬이다. 직교행렬 A에 대응하는 선형변환 L_A을 모든 $\mathbf{X}$에 대하여

$$L_A(\mathbf{X}) = A\mathbf{X}$$

같이 정의한다. 이때 L_A를 직교변환이라 한다.

보조정리 5.1

직교행렬 A에 대하여

$$\det A = \pm 1$$

이다.

참고 5.5: 행렬식에 대한 정리 $\det(AB) = \det A \det B$와 직교행렬의 정의 $AA^t = E$를 이용하면 증명된다.

보기 5.4: 직교변환의 예는 원점을 통과하는 대칭이동과 원점을 중심으로 하는 회전이동이 있다. 회전이동도 대칭이동도 아닌 예가 있다. 예를 들어 다음과 같은 회전대칭이동

$$\begin{pmatrix} -1 & 0 & 0 \\ 0 & -1 & 0 \\ 0 & 0 & -1 \end{pmatrix}, \quad \begin{pmatrix} \cos\theta & -\sin\theta & 0 \\ \sin\theta & \cos\theta & 0 \\ 0 & 0 & -1 \end{pmatrix}$$

정의 5.6: 사상 $F : \mathbb{R}^3 \to \mathbb{R}^3$에 대하여 사상 F가 **내적을 보존한다**는 것은 모든 벡터 $\mathbf{p}$, $\mathbf{q}$에 대하여

$$F(\mathbf{p}) \cdot F(\mathbf{q}) = \mathbf{p} \cdot \mathbf{q}$$

를 만족할 때이다.

정리 5.2

사상 $F : \mathbb{R}^3 \to \mathbb{R}^3$에 대하여 F가 내적을 보존할 필요충분조건은 사상 F가 직교변환 L_A 일 때이다.

Proof. 먼저 사상 F가 직교변환 L_A이라 가정하자. 벡터 $\mathbf{p}$, $\mathbf{q}$에 대하여

$$\begin{aligned} F(\mathbf{p}) \cdot F(\mathbf{q}) &= L_A(\mathbf{p}) \cdot L_A(\mathbf{q}) \\ &= A\mathbf{p} \cdot A\mathbf{q} \\ &= (A\mathbf{p})^t A\mathbf{q} \qquad (\because \mathbf{p} \cdot \mathbf{q} = \mathbf{p}^t\mathbf{q},\ \ \mathbf{p}, \mathbf{q} \text{ 가 열벡터일 때}) \\ &= \mathbf{p}^t A^t A\mathbf{q} \qquad (\because (AB)^t = B^t A^t) \\ &= \mathbf{p}^t\mathbf{q} \\ &= \mathbf{p} \cdot \mathbf{q} \end{aligned}$$

이다. 직교변환이면 내적을 보존한다.

사상 F가 내적을 보존한다고 하자. 자연틀 $\mathbf{U_1} = (1, 0, 0)$, $\mathbf{U_2} = (0, 1, 0)$, $\mathbf{U_3} = (0, 0, 1)$에 대하여 $F(\mathbf{U_1})$, $F(\mathbf{U_2})$, $F(\mathbf{U_3})$은 틀이다. 왜냐하면

$$F(\mathbf{U_i}) \cdot F(\mathbf{U_j}) = \mathbf{U_i} \cdot \mathbf{U_j} = \delta_{ij}$$

이므로 크기가 1이고 서로 수직이다. 임의의 벡터 $\mathbf{X} = (x_1, x_2, x_3)$에 대하여

$$\mathbf{X} = \big(\mathbf{X} \cdot F(\mathbf{U_1})\big)F(\mathbf{U_1}) + \big(\mathbf{X} \cdot F(\mathbf{U_2})\big)F(\mathbf{U_2}) + \big(\mathbf{X} \cdot F(\mathbf{U_3})\big)F(\mathbf{U_3})$$

가 성립한다. 따라서 $F(\mathbf{X})$에 적용하면

$$\begin{aligned} F(\mathbf{X}) &= \big(F(\mathbf{X}) \cdot F(\mathbf{U_1})\big)F(\mathbf{U_1}) + \big(F(\mathbf{X}) \cdot F(\mathbf{U_2})\big)F(\mathbf{U_2}) + \big(F(\mathbf{X}) \cdot F(\mathbf{U_3})\big)F(\mathbf{U_3}) \\ &= \big(\mathbf{X} \cdot \mathbf{U_1}\big)F(\mathbf{U_1}) + \big(\mathbf{X} \cdot \mathbf{U_2}\big)F(\mathbf{U_2}) + \big(\mathbf{X} \cdot \mathbf{U_3}\big)F(\mathbf{U_3}) \ (\because F: \text{ 내적보존 }) \\ &= x_1F(\mathbf{U_1}) + x_2F(\mathbf{U_2}) + x_3F(\mathbf{U_3}) \end{aligned}$$

마지막 사실을 이용하면 벡터 $\mathbf{Y} = (y_1, y_2, y_3)$에 대해서

$$F(\mathbf{Y}) = y_1F(\mathbf{U_1}) + y_2F(\mathbf{U_2}) + y_3F(\mathbf{U_3})$$

이다. 따라서

$$\begin{aligned} F(\mathbf{X} + \mathbf{Y}) &= (x_1 + y_1)F(\mathbf{U_1}) + (x_2 + y_2)F(\mathbf{U_2}) + (x_3 + y_3)F(\mathbf{U_3}) \\ &= F(\mathbf{X}) + F(\mathbf{Y}) \end{aligned}$$

마찬가지로 $F(k\mathbf{X}) = kF(\mathbf{X})$ 임을 보일 수 있다. 따라서 사상 F는 선형변환이므로

$$F(\mathbf{X}) = L_A(\mathbf{X}) = A\mathbf{X}$$

인 행렬 A가 존재한다. 이제 행렬 A가 직교행렬임을 보이자. 모든 두 벡터 $\mathbf{X}$, $\mathbf{Y}$에 대해

$$F(\mathbf{X}) \cdot F(\mathbf{Y}) = A\mathbf{X} \cdot A\mathbf{Y} = \mathbf{X} \cdot \mathbf{Y}$$

를 만족한다. 내적을 전치행렬을 이용하여 행렬의 곱셈으로 표현하면

$$(A\mathbf{X})^t A\mathbf{Y} = \mathbf{X}^t A^t A\mathbf{Y} = \mathbf{X}^t\mathbf{Y}$$

을 만족한다. 모든 벡터 $\mathbf{X}$, $\mathbf{Y}$에 대해 만족하는 방정식이므로, $\mathbf{X} = \mathbf{U_i}$, $\mathbf{Y} = \mathbf{U_j}$를 대입하면

$$\mathbf{U_i}^t A^t A\mathbf{U_j} = \mathbf{U_i}^t\mathbf{U_j} = \delta_{ij} = \begin{cases} 1 & (i = j \text{ 일 때}) \\ 0 & (i \neq j \text{ 일 때}) \end{cases}$$

이다. 따라서 행렬 $A^t A$의 i행 j열 성분이 δ_{ij}이므로

$$A^t A = E$$

를 만족한다. 즉 행렬 A가 직교행렬이다. □

이런 직교변환은 등거리변환임을 보이자.

정리 5.3

직교행렬 A에 대하여 직교변환 L_A은 등거리변환이다.

Proof. 임의의 점 $\mathbf{X}$에 대하여

$$\begin{aligned} \| L_A(\mathbf{X}) \|^2 &= \| A\mathbf{X} \|^2 \\ &= A\mathbf{X} \cdot A\mathbf{X} = \mathbf{X} \cdot \mathbf{X} \\ &= \| \mathbf{X} \|^2 \end{aligned}$$

이다. 즉 $\| L_A(\mathbf{X}) \| = \| A\mathbf{X} \| = \| \mathbf{X} \|$, 벡터의 크기를 보존한다. 이제 거리가 보존된다는 것을 증명하자. 임의의 두 점 $\mathbf{X}$, $\mathbf{Y}$에 대하여

$$\begin{aligned} d\big(L_A(\mathbf{X}), L_A(\mathbf{Y})\big) &= \| L_A(\mathbf{X}) - L_A(\mathbf{Y}) \| \\ &= \| A\mathbf{X} - A\mathbf{Y} \| \end{aligned}$$

$$
\begin{aligned}
&= \| A(\mathbf{X}-\mathbf{Y}) \| \\
&= \| \mathbf{X}-\mathbf{Y} \| = d(\mathbf{X},\mathbf{Y})
\end{aligned}
$$

를 만족한다. 따라서 직교변환은 등거리변환이다. □

활동문제 5.9: 2차 정사각행렬 $A = \begin{pmatrix} a & b \\ c & d \end{pmatrix}$가 직교행렬이면 적당한 실수 θ에 대하여 회전이동을 나타내는 행렬

$$A = \begin{pmatrix} \cos\theta & -\sin\theta \\ \sin\theta & \cos\theta \end{pmatrix}$$

이거나 대칭이동을 나타내는 행렬

$$A = \begin{pmatrix} \cos 2\theta & \sin 2\theta \\ \sin 2\theta & -\cos 2\theta \end{pmatrix}$$

임을 보여라.

활동문제 5.10: 평면에서 직선 $y = x\tan\theta$에 대한 대칭이동을 나타내는 행렬 A이라 하면

$$A = \begin{pmatrix} \cos 2\theta & \sin 2\theta \\ \sin 2\theta & -\cos 2\theta \end{pmatrix}$$

임을 보여라.

활동문제 5.11: 3차 정사각행렬 A가 직교행렬이고 $\det A = 1$이라 하자. 그러면 적당한 실수 θ와 틀 $\mathbf{e_1}$, $\mathbf{e_2}$, $\mathbf{e_3}$이 존재하여

$$A = \mathrm{Rot}_\theta$$

임을 보여라. 즉 $A\mathbf{e_1} = \cos\theta\mathbf{e_1} + \sin\theta\mathbf{e_2}$, $A\mathbf{e_2} = -\sin\theta\mathbf{e_1} + \cos\theta\mathbf{e_2}$, $A\mathbf{e_3} = \mathbf{e_3}$을 만족하는 틀이 존재한다.

활동문제 5.12: 3차 정사각행렬 A가 직교행렬이고 $\det A = -1$이면

$$L_A = \mathrm{Ref}_{\mathbf{P}}$$

를 만족하는 원점을 지나는 평면 $\mathbf{P}$가 존재하지 않음을 반례를 통하여 보여라.

5.3 등거리변환의 분류

이번 절에서는 등거리변환에 대한 기초적인 성질에 대한 조사해보고 등거리변환에 대한 분류에 대해 조사하자. 먼저 등거리변환의 합성이 등거리변환임을 보이자.

정리 5.4

사상 F와 G가 등거리변환이면 $G \circ F$도 등거리변환이다.

Proof. 임의의 두 점 $\mathbf{p}$, $\mathbf{q}$에 대하여

$$\begin{aligned} d\big(G \circ F(\mathbf{p}), G \circ F(\mathbf{q})\big) &= d\Big(G\big(F(\mathbf{p})\big), G\big(F(\mathbf{q})\big)\Big) \\ &= d\big(F(\mathbf{p}), F(\mathbf{q})\big) \quad (\because G \text{ 가 등거리변환}) \\ &= d(\mathbf{p}, \mathbf{q}) \qquad (\because F \text{ 가 등거리변환}) \end{aligned}$$

이다. 따라서 $G \circ F$도 등거리변환이다. □

보조정리 5.5

평행이동 $T_{\mathbf{a}}$와 $T_{\mathbf{b}}$에 대하여

1) 평행이동 $T_{\mathbf{a}}$의 역사상은 평행이동 $T_{-\mathbf{a}}$이다.

2) 평행이동 $T_{\mathbf{a}}$와 $T_{\mathbf{b}}$의 합성도 평행이동이고 $T_{\mathbf{a}+\mathbf{b}}$이다.

3) 평행이동 $T_{\mathbf{a}}$가 원점을 고정하면 $T_{\mathbf{a}} = \mathrm{id}$는 항등변환이다.

위 보조정리는 쉽게 증명이 가능하다.

이제까지 알려진 사실을 정리해보자.

- 직교변환은 등거리변환이다. 역은 참이 아니다.
- 등거리변환의 예는 평행이동, 대칭이동, 회전이동이 있다.
- 대칭이동과 회전이동 중에 선형변환인 것과 아닌 것도 있다.
- 항등변환이 아닌 평행이동은 선형변환이 아니다.

그럼 등거리변환중 선형변환이 되는 등거리변환은 무엇인지 궁금하다. 다음 정리가 말하는 바는 원점을 고정하는 등거리변환은 직교변환 즉 선형변환이다.

정리 5.6

등거리변환 $F : \mathbb{R}^3 \to \mathbb{R}^3$가 $F(\mathbf{0}) = \mathbf{0}$이면 F는 직교변환이다.

Proof. 등거리변환 F가 $F(\mathbf{0}) = \mathbf{0}$ 원점을 고정한다고 하자. 등거리변환의 정의에 의해 모든 점 $\mathbf{p}$에 대해서

$$\begin{aligned} \| F(\mathbf{p}) \| &= \| F(\mathbf{p}) - \mathbf{0} \| = d(F(\mathbf{p}), \mathbf{0}) = d(F(\mathbf{p}), F(\mathbf{0})) \\ &= d(\mathbf{p}, \mathbf{0}) = \| \mathbf{p} \| \end{aligned}$$

이다. 등거리변환의 정의에 의해 모든 점 $\mathbf{p}$, $\mathbf{q}$에 대해서

$$\| F(\mathbf{p}) - F(\mathbf{q}) \| \quad = \quad \| \mathbf{p} - \mathbf{q} \|$$

이다. 양변을 제곱하고 내적으로 바꾸면

$$\| F(\mathbf{p}) \|^2 - 2F(\mathbf{p}) \cdot F(\mathbf{q}) + \| F(\mathbf{q}) \|^2 = \| \mathbf{p} \|^2 - 2\mathbf{p} \cdot \mathbf{q} + \| \mathbf{q} \|^2$$

을 얻는다. 크기를 보존하는 성질을 이용하면 $F(\mathbf{p}) \cdot F(\mathbf{q}) = \mathbf{p} \cdot \mathbf{q}$이된다. 즉 내적을 보존한다. 정리 5.2에 의해 사상 F는 직교변환이다. □

이제는 등거리변환의 분해정리를 증명하고자 한다. 대칭이동에서 살펴본 바와 같이 대칭이동은 선형변환과 평행이동의 합성으로 나타났다. 회전이동도 활동문제를 통하여 살펴보면 선형변환과 평행이동의 합성이었다.

정리 5.7 (등거리변환의 분해정리)

사상 $F : \mathbb{R}^3 \to \mathbb{R}^3$이등거리변환이면 모든 $\mathbf{X}$에 대해서

$$F(\mathbf{X}) = L_A(\mathbf{X}) + \mathbf{a}$$

를 만족하는 직교변환 L_A와 평행이동 $T_{\mathbf{a}}$가 유일하게 존재한다.

참고 5.6: 분해정리를 간략히 표현하면 등거리변환 F는 $F = T_{\mathbf{a}} \circ L_A$을 만족하는 직교변환 L_A와 평행이동 $T_{\mathbf{a}}$가 유일하게 존재한다.

Proof. 먼저 존재성을 증명하자. 점 $\mathbf{a} = F(\mathbf{0})$으로 두자. 만약 $\mathbf{a} = \mathbf{0}$이면 등거리변환 F가 원점을 고정하므로 F는 직교변환이다. $\mathbf{a} \neq \mathbf{0}$인 경우에는 등거리변환 F와 평행이동 $T_{-\mathbf{a}}$을 합성하여 등거리변환

$$G = T_{-\mathbf{a}} \circ F$$

로 정의하자. 그러면 G는 등거리변환이다. 또한

$$G(\mathbf{0}) = T_{-\mathbf{a}} \circ F(\mathbf{0}) = F(\mathbf{0}) - \mathbf{a} = F(\mathbf{0}) - F(\mathbf{0}) = \mathbf{0}$$

를 만족한다. 등거리변환 G가 원점을 고정하므로 G는 직교변환이다. 따라서 $G = L_A$인 직교행렬 A이 존재한다. 평행이동 $T_{\mathbf{a}}$와 직교변환 L_A을 합성하면

$$T_{\mathbf{a}} \circ L_A = T_{\mathbf{a}} \circ G = T_{\mathbf{a}} \circ T_{-\mathbf{a}} \circ F = F$$

을 만족한다.

유일성을 증명해보자. 등거리변환 F에 대하여 평행이동 $T_{\mathbf{a}}$, $T_{\mathbf{b}}$와 직교변환 L_A, L_B가 존재하여 $F = T_{\mathbf{a}} \circ L_A = T_{\mathbf{b}} \circ L_B$이라 가정하자. 양변에 $T_{-\mathbf{a}}$ 합성하면

$$L_A = T_{-\mathbf{a}} \circ T_{\mathbf{b}} \circ L_B$$

이다. $L_A(\mathbf{0}) = L_B(\mathbf{0}) = \mathbf{0}$이므로 $T_{-\mathbf{a}} \circ T_{\mathbf{b}}(\mathbf{0}) = \mathbf{0}$이다. 보조정리에 의해서 $T_{-\mathbf{a}} \circ T_{\mathbf{b}} = \mathrm{id}$이다. 즉 $T_{\mathbf{a}} = T_{\mathbf{b}}$이다. 따라서 $L_A = L_B$이다. □

참고 5.7: 등거리변환 $F = T_{\mathbf{a}} \circ L_A$을 열벡터 표현으로 표기해보면 다음과 같다.

$$F\begin{pmatrix} x \\ y \\ z \end{pmatrix} = \begin{pmatrix} a_{11} & a_{12} & a_{13} \\ a_{21} & a_{22} & a_{23} \\ a_{31} & a_{32} & a_{33} \end{pmatrix}\begin{pmatrix} x \\ y \\ z \end{pmatrix} + \begin{pmatrix} a_1 \\ a_2 \\ a_3 \end{pmatrix}$$

여기서 점 $\mathbf{a} = (a_1, a_2, a_3)$이고 행렬 $A = \begin{pmatrix} a_{11} & a_{12} & a_{13} \\ a_{21} & a_{22} & a_{23} \\ a_{31} & a_{32} & a_{33} \end{pmatrix}$는 직교행렬이다.

참고 5.8: 등거리변환 $F = T_{\mathbf{a}} \circ L_A$의 분해정리에 의해서 등거리변환의 역사상이 존재함을 보일수 있다. 그리고 역사상 $F^{-1} = (T_{\mathbf{a}} \circ L_A)^{-1} = (L_A)^{-1} \circ T_{-\mathbf{a}}$이다.

활동문제 5.13: 직교행렬 A에 대한 직교변환 L_A에 대한 역사상은 L_{A^t}이다.

활동문제 5.14: $L_A \circ T_{\mathbf{a}} = T_{A(\mathbf{a})} \circ L_A$ 임을 보여라.

5.3.1 등거리변환은 벡터를 어떻게 움직이는가?

우리는 대칭이동과 평행이동이 벡터를 어떻게 움직이는지에 대한 관찰을 하였다. 이 절에서는 등거리변환이 벡터를 움직이는 형태를 관찰하고자 한다. 먼저 등거리변환 F에 대하여 등거리변환 분해정리에 의해 $F = T_{\mathbf{a}} \circ L_A$ 인 직교행렬 A와 점 $\mathbf{a}$가 존재한다. 모든 열벡터 $\mathbf{X}$에 대해서

$$F(\mathbf{X}) = A\mathbf{X} + \mathbf{a}$$

를 만족하는 직교행렬 A와 점 $\mathbf{a}$가 유일하게 존재한다.

벡터 $\mathbf{v}$가 시점이 $\mathbf{p}$이고 종점이 $\mathbf{q}$라 가정하자. 그럼 등거리변환 F가 움직인 벡터를 $F_*(\mathbf{v})$이라 표기하자. 그러면 이 벡터 $F_*(\mathbf{v})$의 시점이 $F(\mathbf{p})$이고 종점이 $F(\mathbf{q})$라 생각해도 된다.

$$\begin{aligned} F_*(\mathbf{v}) &= F(\mathbf{q}) - F(\mathbf{p}) = A\mathbf{q} + \mathbf{a} - (A\mathbf{p} + \mathbf{a}) \\ &= A(\mathbf{q} - \mathbf{p}) = A\mathbf{v} \end{aligned}$$

등거리변환이 옮긴 벡터 $F_*(\mathbf{v}) = A\mathbf{v}$는 시점이 $F(\mathbf{p})$로 해석해야 한다.

등거리변환이 공간에서 방향을 어떻게 변화시키는지 살펴보자. 먼저 그림으로 표현하기 좋은 평면에서 대칭이동 $F = \text{Ref}_{\mathbf{p}}$를 고려하자. 점 $\mathbf{p}$에서 틀 $\mathbf{e}_1$, $\mathbf{e}_2$이 그림과 같이 표현된다면 대칭이동한 점 $F(\mathbf{p})$에서 틀 $F_*(\mathbf{e}_1)$, $F_*(\mathbf{e}_2)$이 된다.

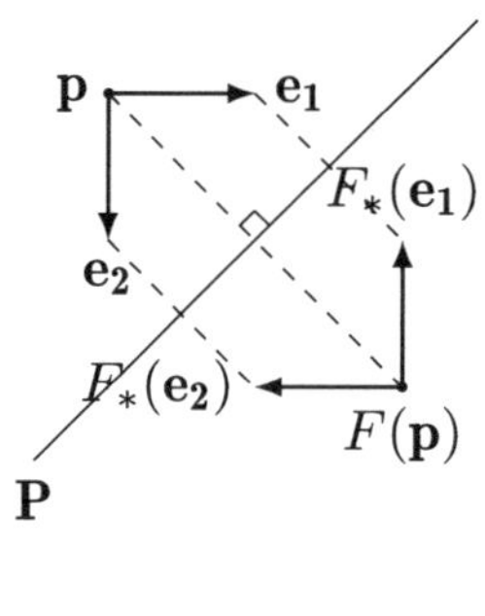

점 $\mathbf{p}$에서 틀 $\mathbf{e}_1$, $\mathbf{e}_2$의 방향은 시계방향 즉 $\det(\mathbf{e}_1, \mathbf{e}_2) = -1$이지만 점 $F(\mathbf{p})$에서 틀 $F_*(\mathbf{e}_1)$, $F_*(\mathbf{e}_2)$의 방향은 반시계방향 즉 $\det(F_*(\mathbf{e}_1), F_*(\mathbf{e}_2)) = 1$이다.

삼차원 공간에서 등거리변환 F가 방향을 어떻게 변화시키는지에 대한 다음 정리를 보자.

정리 5.8

등거리변환 $F(\mathbf{X}) = A\mathbf{X} + \mathbf{a}$와 점 $\mathbf{p}$에서 틀을 $\mathbf{e}_1$, $\mathbf{e}_2$, $\mathbf{e}_3$으로 두자. 그러면 점 $F(\mathbf{p})$에서 틀 $F_*(\mathbf{e}_1)$, $F_*(\mathbf{e}_2)$, $F_*(\mathbf{e}_3)$의 방향은 다음과 같이 표현된다.

$$\det\big(F_*(\mathbf{e}_1), F_*(\mathbf{e}_2), F_*(\mathbf{e}_3)\big) = \det A \cdot \det(\mathbf{e}_1, \mathbf{e}_2, \mathbf{e}_3)$$

참고 5.9: 등거리변환 F에 대해서 직교행렬 A는 유일하게 정해진다. 직교행렬의 행렬식 $\det A = \pm 1$이다. 따라서 직교행렬 $\det A = 1$이면 틀의 방향을 보존하는 사상이 된다. 직교행렬 $\det A = -1$이면 틀의 방향을 반대로 변화시키는 사상이다. 평면에서 대칭이동이 시계방향 틀을 반시계방향의 틀로 변화시키는 현상이 나타난다.

Proof. 등거리변환 $F(\mathbf{X}) = A\mathbf{X} + \mathbf{a}$이고 점 $\mathbf{p}$에서 틀을 $\mathbf{e}_1$, $\mathbf{e}_2$, $\mathbf{e}_3$이다. 그럼 $F_*(\mathbf{v}) = A\mathbf{v}$이므로,

$$F_*(\mathbf{e}_1) = A\mathbf{e}_1, \quad F_*(\mathbf{e}_2) = A\mathbf{e}_2, \quad F_*(\mathbf{e}_3) = A\mathbf{e}_3$$

이다. 위 벡터들은 모두 열벡터도 표현된다. 따라서 점 $F(\mathbf{p})$에서 틀 $F_*(\mathbf{e}_1)$, $F_*(\mathbf{e}_2)$, $F_*(\mathbf{e}_3)$의 방향은

$$\begin{aligned}\det\big(F_*(\mathbf{e}_1), F_*(\mathbf{e}_2), F_*(\mathbf{e}_3)\big) &= \det(A\mathbf{e}_1, A\mathbf{e}_2, A\mathbf{e}_3)\\ &= \det\big(A\ (\mathbf{e}_1, \mathbf{e}_2, \mathbf{e}_3)\big)\\ &= \det A \cdot \det(\mathbf{e}_1, \mathbf{e}_2, \mathbf{e}_3)\end{aligned}$$

이다. □

정의 5.7: 등거리변환 F에 대하여 등거리변환 F의 부호

$$\operatorname{sgn} F = \det A$$

라 정의한다. 단 여기서 행렬 A는 등거리변환의 직교행렬이다.

- $\operatorname{sgn} F = 1$이면 등거리변환 F는 **방향을 보존한다**(orientation preserving)
- $\operatorname{sgn} F = -1$이면 등거리변환 F는 **방향을 뒤집는다**(orientation reversing)

활동문제 5.15: 등거리변환 F와 G에 대해서 $\sin(G \circ F) = \operatorname{sgn} G \ \operatorname{sgn} F$임을 보여라.

활동문제 5.16: 평면 $2x+y+z=3$에 대한 대칭이동 Ref_1와 평면 $x-y+2z=1$에 대한 대칭이동 Ref_2를 합성 $\mathrm{Ref}_1 \circ \mathrm{Ref}_2$의 직교행렬과 평행이동을 구하고 등거리변환의 부호도 찾아라.

활동문제 5.17: 평면에 대한 대칭이동, 평행이동, 회전이동에 대하여 등거리변환의 부호를 찾아라.

활동문제 5.18: 점에 대한 대칭이동을 정하고 등거리변환의 부호를 찾아라.

활동문제 5.19: 직선에 대한 대칭이동은 정의할 수 있는가? 정의한다면 부호는 어떻게 되는가? 직선에 대한 대칭이동은 회전이동으로 해석가능한가?

5.3.2 등거리변환은 벡터곱에 어떤 영향을 미치는가?

우리가 관심을 두고 있는 주제는 항상 곡선이다. 특히 단위속력곡선 α와 등거리변환 F에 대하여 새로운 곡선 $\beta = F \circ \alpha$을 정의하자. 그럼 다음과 같이 질문할 수 있다.

- 곡선 β는 단위속력곡선인가?
- 단위속력곡선 α의 곡률, 비틀림률과 $\mathbf{T}$, $\mathbf{N}$, $\mathbf{B}$와 곡선 β의 곡률, 비틀림률과 $\mathbf{T}$, $\mathbf{N}$, $\mathbf{B}$ 사이에는 어떤 관계를 가지는가?

우리가 직관적으로 가지고 있는 곡률과 비틀림률에 대한 생각으로는 곡선 α와 곡선 β 사이에는 곡률과 비틀림률의 변화가 크진 않을 것으로 예상한다. 추측보다는 정확한 증명을 위하여 등거리변환이 벡터곱에 대한 작용이 어떻게 되는지에 대한 보조정리등이 필요하다.

보조정리 5.9

틀을 $\mathbf{e}_1$, $\mathbf{e}_2$, $\mathbf{e}_3$이고 틀의 방향 $\varepsilon = \mathbf{e}_1 \times \mathbf{e}_2 \cdot \mathbf{e}_3$으로 두자. 두 벡터 $\mathbf{v} =$

$v_1\mathbf{e_1} + v_2\mathbf{e_2} + v_3\mathbf{e_3}$와 $\mathbf{w} = w_1\mathbf{e_1} + w_2\mathbf{e_2} + w_3\mathbf{e_3}$이면

$$\mathbf{v} \times \mathbf{w} = \varepsilon \begin{vmatrix} \mathbf{e_1} & \mathbf{e_2} & \mathbf{e_3} \\ v_1 & v_2 & v_3 \\ w_1 & w_2 & w_3 \end{vmatrix}$$
$$= \varepsilon\big((v_2w_3 - v_3w_2)\mathbf{e_1} - (v_1w_3 - v_3w_1)\mathbf{e_2} + (v_1w_2 - v_2w_1)\mathbf{e_3}\big)$$

Proof. 벡터의 벡터곱은 분배 법칙이 성립하므로

$$\begin{aligned}\mathbf{v} \times \mathbf{w} &= (v_1\mathbf{e_1} + v_2\mathbf{e_2} + v_3\mathbf{e_3}) \times (w_1\mathbf{e_1} + w_2\mathbf{e_2} + w_3\mathbf{e_3}) \\ &= (v_1w_2 - v_2w_1)\mathbf{e_1} \times \mathbf{e_2} + (v_1w_3 - v_3w_1)\mathbf{e_1} \times \mathbf{e_3} + (v_2w_3 - v_3w_2)\mathbf{e_2} \times \mathbf{e_3}\end{aligned}$$

이다.

먼저 $\varepsilon = 1$인 경우에는 오른손좌표계이므로 $\mathbf{e_1} \times \mathbf{e_2} = \mathbf{e_3}$, $\mathbf{e_1} \times \mathbf{e_3} = -\mathbf{e_2}$, $\mathbf{e_2} \times \mathbf{e_3} = \mathbf{e_1}$이다. 이를 적용하면

$$\mathbf{v} \times \mathbf{w} = (v_2w_3 - v_3w_2)\mathbf{e_1} - (v_1w_3 - v_3w_1)\mathbf{e_2} + (v_1w_2 - v_2w_1)\mathbf{e_3}$$

이다. $\varepsilon = 1$인 경우에는 증명 끝이다.

$\varepsilon = -1$인 경우에는 왼손좌표계이므로 $\mathbf{e_1} \times \mathbf{e_2} = -\mathbf{e_3}$, $\mathbf{e_1} \times \mathbf{e_3} = \mathbf{e_2}$, $\mathbf{e_2} \times \mathbf{e_3} = -\mathbf{e_1}$이다.

$$\begin{aligned}\mathbf{v} \times \mathbf{w} &= -(v_2w_3 - v_3w_2)\mathbf{e_1} + (v_1w_3 - v_3w_1)\mathbf{e_2} - (v_1w_2 - v_2w_1)\mathbf{e_3} \\ &= (-1)\big((v_2w_3 - v_3w_2)\mathbf{e_1} - (v_1w_3 - v_3w_1)\mathbf{e_2} + (v_1w_2 - v_2w_1)\mathbf{e_3}\big)\end{aligned}$$

이다. 따라서 $\varepsilon = -1$인 경우에도 증명이 되었다. □

이 보조정리를 이용하여 등거리변환이 벡터곱을 어떻게 변화시키는지 살펴보자. 이 정리에서 $\mathbf{v}$를 단위접선벡터 $\mathbf{T}$로 $\mathbf{w}$를 단위법선벡터 $\mathbf{N}$으로 대치하면 등거리변환이 곡선의 $\mathbf{T}$, $\mathbf{N}$, $\mathbf{B}$를 어떻게 변화시키는지 알 수 있고, 이를 통해 곡률과 비틀림률의 변화를 알 수 있다.

정리 5.10

두 벡터 두 벡터 $\mathbf{v}$와 $\mathbf{w}$가 시점이 $\mathbf{p}$이고 등거리변환을 F이면 다음이 성립한다.

$$F_*(\mathbf{v} \times \mathbf{w}) = (\operatorname{sgn} F)F_*(\mathbf{v}) \times F_*(\mathbf{w})$$

Proof. 두 벡터 $\mathbf{v} = (v_1, v_2, v_3) = v_1\mathbf{U_1} + v_2\mathbf{U_2} + v_3\mathbf{U_3}$, $\mathbf{w} = (w_1, w_2, w_3) = w_1\mathbf{U_1} + w_2\mathbf{U_2} + w_3\mathbf{U_3}$를 자연틀로 표현하자. 등거리변환 F의 직교행렬을 A이라 하면

$$F_*(\mathbf{v}) = A\mathbf{v} = v_1A\mathbf{U_1} + v_2A\mathbf{U_2} + v_3A\mathbf{U_3}$$

$$F_*(\mathbf{w}) = A\mathbf{w} = w_1A\mathbf{U_1} + w_2A\mathbf{U_2} + w_3A\mathbf{U_3}$$

이다. A 직교행렬이므로 내적을 보존하므로 $\mathbf{e_1} = A\mathbf{U_1}$, $\mathbf{e_2} = A\mathbf{U_2}$, $\mathbf{e_3} = A\mathbf{U_3}$는 틀이 된다.

$$F_*(\mathbf{v}) = v_1\mathbf{e_1} + v_2\mathbf{e_2} + v_3\mathbf{e_3}, F_*(\mathbf{w}) = w_1\mathbf{e_1} + w_2\mathbf{e_2} + w_3\mathbf{e_3}$$

벡터곱에 대한 보조정리를 적용하면

$$\begin{aligned} F_*(\mathbf{v}) \times F_*(\mathbf{w}) &= \varepsilon \begin{vmatrix} \mathbf{e_1} & \mathbf{e_2} & \mathbf{e_3} \\ v_1 & v_2 & v_3 \\ w_1 & w_2 & w_3 \end{vmatrix} \\ &= \varepsilon \begin{vmatrix} A\mathbf{U_1} & A\mathbf{U_2} & A\mathbf{U_3} \\ v_1 & v_2 & v_3 \\ w_1 & w_2 & w_3 \end{vmatrix} \\ &= \varepsilon A \begin{vmatrix} \mathbf{U_1} & \mathbf{U_2} & \mathbf{U_3} \\ v_1 & v_2 & v_3 \\ w_1 & w_2 & w_3 \end{vmatrix} = \varepsilon A(\mathbf{v} \times \mathbf{w}) = \varepsilon F_*(\mathbf{v} \times \mathbf{w}) \end{aligned}$$

이 된다. 이제 ε를 구해보자.

$$\begin{aligned} \varepsilon &= \mathbf{e_1} \times \mathbf{e_2} \cdot \mathbf{e_3} = A\mathbf{U_1} \times A\mathbf{U_2} \cdot A\mathbf{U_3} \\ &= \det A \cdot (\mathbf{U_1} \times \mathbf{U_2} \cdot \mathbf{U_3}) \quad (\because \text{정리 } 5.8) \\ &= \det A = \operatorname{sgn} F \end{aligned}$$

□

제 6 장

등거리변환이 곡선에 미치는 영향은?

6.1 원, 나선 그리고 대칭이동

등거리변환의 분해정리에 의해서 등거리변환 $F : \mathbb{R}^3 \to \mathbb{R}^3$에 대하여

$$F = T_{\mathbf{a}} \circ L_A$$

인 직교변환과 평행이동이 유일하게 존재한다. 자세히 풀어서 적으면 모든 벡터 $\mathbf{X} = (x, y, z)$에 대하여

$$F \begin{pmatrix} x \\ y \\ z \end{pmatrix} = \begin{pmatrix} a_{11} & a_{12} & a_{13} \\ a_{21} & a_{22} & a_{23} \\ a_{31} & a_{32} & a_{33} \end{pmatrix} \begin{pmatrix} x \\ y \\ z \end{pmatrix} + \begin{pmatrix} a_1 \\ a_2 \\ a_3 \end{pmatrix}$$

가 성립한다. 단위속력곡선 $\alpha : (a, b) \to \mathbb{R}^3$를 $\alpha(s) = \big(x(s), y(s), z(s)\big)$이라 두자. 등거리변환 F와 곡선 α를 합성하면 새로운 곡선 $\beta(s) = (F \circ \alpha)(s)$를 정의할 수 있다. 곡선 β는 정의역이 곡선 α의 정의역과 같으며 다음과 같이 나타내어진다.

$$\beta(s) = F \begin{pmatrix} x(s) \\ y(s) \\ z(s) \end{pmatrix} = \begin{pmatrix} a_{11} & a_{12} & a_{13} \\ a_{21} & a_{22} & a_{23} \\ a_{31} & a_{32} & a_{33} \end{pmatrix} \begin{pmatrix} x(s) \\ y(s) \\ z(s) \end{pmatrix} + \begin{pmatrix} a_1 \\ a_2 \\ a_3 \end{pmatrix} \tag{6.1}$$

여기서 직교행렬 A의 열벡터는 틀이 된다.

$$\mathbf{e_1} = (a_{11}, a_{21}, a_{31})$$
$$\mathbf{e_2} = (a_{12}, a_{22}, a_{32})$$
$$\mathbf{e_3} = (a_{13}, a_{23}, a_{33})$$

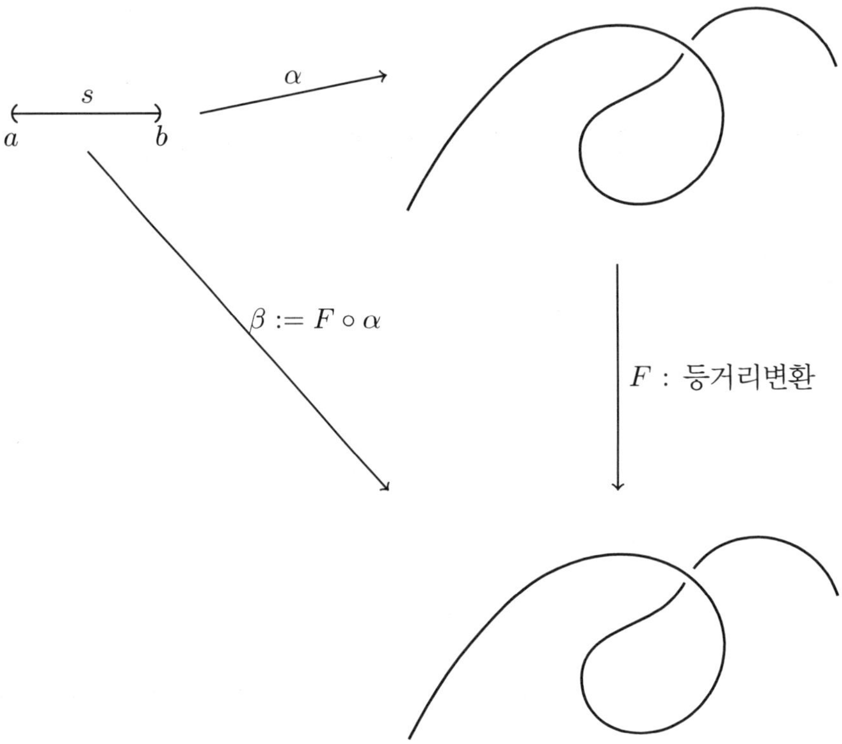

이렇게 정의된 곡선 β가 단위속력곡선인지? 정칙곡선인지? 곡률 κ_β는 곡선 α의 곡률 κ_α와 어떤 차이가 있는가? 또 비틀림률 τ_β는 곡선 α의 비틀림률 τ_α과 차이도 있는가? 여러 가지 질문을 던질 수 있다.

보기 6.1: 점 $\mathbf{p}$에서 틀 $\mathbf{e_1}$, $\mathbf{e_2}$, $\mathbf{e_3}$에 대해서 일반적인 원 $\alpha(s) = \mathbf{p}+r\cos(s/r)\mathbf{e_1}+r\sin(s/r)\mathbf{e_2}$와 등거리변환 F를 대칭이동으로 설정하고 시작해보자. 보기 5.2

에서 평면 $x+y+z=3$에 대한 대칭이동

$$\operatorname{Ref}\begin{pmatrix}x\\y\\z\end{pmatrix}=\frac{1}{3}\begin{pmatrix}1&-2&-2\\-2&1&-2\\-2&-2&1\end{pmatrix}\begin{pmatrix}x\\y\\z\end{pmatrix}+\begin{pmatrix}2\\2\\2\end{pmatrix}$$

으로 원을 변환해보자. $A=\frac{1}{3}\begin{pmatrix}1&-2&-2\\-2&1&-2\\-2&-2&1\end{pmatrix}$이고 $\mathbf{a}=\begin{pmatrix}2\\2\\2\end{pmatrix}$이라 두자.

$$\begin{aligned}\beta(s)&=\operatorname{Ref}\circ\alpha(s)\\&=\operatorname{Ref}\big(\mathbf{p}+r\cos(s/r)\mathbf{e_1}+r\sin(s/r)\mathbf{e_2}\big)\\&=A\big(\mathbf{p}+r\cos(s/r)\mathbf{e_1}+r\sin(s/r)\mathbf{e_2}\big)+\mathbf{a}\\&=A(\mathbf{p})+\mathbf{a}+r\cos(s/r)A\mathbf{e_1}+r\sin(s/r)A\mathbf{e_2}\end{aligned}$$

곡선 α가 점 $\mathbf{p}$를 중심으로 $\mathbf{e_1}$, $\mathbf{e_2}$의 방향으로 반경이 r인 원이다. 반면 곡선 β는 점 $A(\mathbf{p})+\mathbf{a}$를 중심으로 $A\mathbf{e_1}$, $A\mathbf{e_2}$의 방향으로 반경이 r인 원이다. 곡선 β가 원이 되는 핵심적인 이유는 $A\mathbf{e_1}$, $A\mathbf{e_2}$가 크기가 1이고 서로 수직인 것이다.

그럼 일반적인 등거리변환에 대한 원의 변화를 살펴보도록 하자. 등거리변환의 분해정리에 의해서 등거리변환 $F=T_{\mathbf{a}}\circ L_A$이다. 따라서 곡선 β는

$$\begin{aligned}\beta(s)&=F\circ\alpha(s)\\&=A\big(\mathbf{p}+r\cos(s/r)\mathbf{e_1}+r\sin(s/r)\mathbf{e_2}\big)+\mathbf{a}\\&=A(\mathbf{p})+\mathbf{a}+r\cos(s/r)A\mathbf{e_1}+r\sin(s/r)A\mathbf{e_2}\end{aligned}$$

로 표현된다. 벡터 $A\mathbf{e_1}$, $A\mathbf{e_2}$은 서로 수직이고 단위벡터이다. 따라서 곡선 β는 단위속력곡선이자 원이다.

결론적으로 원은 등거리변환에 의하여 곡률과 비틀림률이 보존되다.

보기 6.2: 양수 $a>0$와 영이 아닌 실수 $b\neq 0$에 대하여 나선

$$\alpha(s)=\left(a\cos(s/c),a\sin(s/c),\frac{bs}{c}\right)$$

이 $c=\sqrt{a^2+b^2}$를 만족하면 곡선 α는 단위속력곡선이고 나선이다. 등거리변환 F를 xy평면에 대한 대칭이동 $\operatorname{Ref}_{z=0}$이라 하자. $F(x,y,z)=\operatorname{Ref}_{z=0}(x,y,z)=(x,y,-z)$ 따라서 곡선 β는 다음과 같다.

$$\beta(s)=F\circ\alpha(s)$$

$$= F\left(a\cos\left(\frac{s}{c}\right), a\sin\left(\frac{s}{c}\right), \frac{bs}{c}\right)$$
$$= \left(a\cos\left(\frac{s}{c}\right), a\sin\left(\frac{s}{c}\right), -\frac{bs}{c}\right)$$

곡선 α의 곡률 $\kappa_\alpha = \frac{a}{a^2+b^2}$이고 비틀림률 $\tau_\alpha = \frac{b}{a^2+b^2}$이다. 반면 곡선 β의 곡률 $\kappa_\beta = \frac{a}{a^2+b^2}$이고 비틀림률 $\tau_\beta = \frac{-b}{a^2+b^2}$이다. 구체적으로 살펴보기 위하여 $a = 1$, $b = 1$이라 하자. 그러면 $c = \sqrt{2}$이다. 점 $\alpha(s)$에서 단위접선벡터 $\mathbf{T}_\alpha$, 단위법선벡터 $\mathbf{N}_\alpha$, 단위종법선벡터 $\mathbf{B}_\alpha$를 구해보자.

$$\mathbf{T}_\alpha(s) = \frac{1}{\sqrt{2}}\left(-\sin\left(\frac{s}{\sqrt{2}}\right), \cos\left(\frac{s}{\sqrt{2}}\right), 1\right)$$
$$\mathbf{N}_\alpha(s) = \left(-\cos\left(\frac{s}{\sqrt{2}}\right), -\sin\left(\frac{s}{\sqrt{2}}\right), 0\right)$$
$$\mathbf{B}_\alpha(s) = \frac{1}{\sqrt{2}}\left(\sin\left(\frac{s}{\sqrt{2}}\right), -\cos\left(\frac{s}{\sqrt{2}}\right), 1\right)$$

반면 점 $\beta(s)$에서 단위접선벡터 $\mathbf{T}_\beta$, 단위법선벡터 $\mathbf{N}_\beta$, 단위종법선벡터 $\mathbf{B}_\beta$를 구해보자.

$$\mathbf{T}_\beta(s) = \frac{1}{\sqrt{2}}\left(-\sin\left(\frac{s}{\sqrt{2}}\right), \cos\left(\frac{s}{\sqrt{2}}\right), -1\right)$$
$$\mathbf{N}_\beta(s) = \left(-\cos\left(\frac{s}{\sqrt{2}}\right), -\sin\left(\frac{s}{\sqrt{2}}\right), 0\right)$$
$$\mathbf{B}_\beta(s) = \frac{1}{\sqrt{2}}\left(-\sin\left(\frac{s}{\sqrt{2}}\right), \cos\left(\frac{s}{\sqrt{2}}\right), 1\right)$$

등거리변환 $F(x, y, z) = (x, y, -z)$의 직교행렬 A은

$$A = \begin{pmatrix} 1 & 0 & 0 \\ 0 & 1 & 0 \\ 0 & 0 & -1 \end{pmatrix}$$

이다. 직관적으로도 혹은 계산으로도

$$A\mathbf{T}_\alpha = \mathbf{T}_\beta\ , \quad A\mathbf{N}_\alpha = \mathbf{N}_\beta$$

임을 알 수 있다. 다만 단위종법선벡터 사이 관계는

$$A\mathbf{B}_\alpha = -\mathbf{B}_\beta$$

이다. 이식은 $\mathbf{T} \times \mathbf{N} = \mathbf{B}$을 적용하면

$$A(\mathbf{T}_\alpha \times \mathbf{N}_\alpha) = -\mathbf{T}_\beta \times \mathbf{N}_\beta = -A(\mathbf{T}_\alpha) \times A(\mathbf{N}_\alpha)$$

이다.

곡선 위의 점 $\alpha(s)$에서 **T**, **N**, **B**는 틀이 된다. $\mathbf{T} \times \mathbf{N} = \mathbf{B}$는 이 틀이 항상 오른손좌표계(양의방향)을 가짐을 알 수 있다. 우리가 살펴보았듯이 대칭이동은 오른손좌표계를 왼손좌표계로, 왼손좌표계를 오른손좌표계로 변화시킨다. 이런 변화와 달리 곡선의 **T**, **N**, **B**는 항상 양의방향을 가진다. 따라서 이를 보정해주기 위해서 등거리변환의 부호 $\operatorname{sgn} F$가 등거리변환이 변환시킨 방향을 다시 본래의 방향으로 돌려준다.

6.2 등거리변환과 기하적인 불변량

정리 6.1

단위속력곡선 α가 곡률이 $\kappa > 0$라고 하자. 등거리변환 F에 대하여 곡선 $\beta = F \circ \alpha$으로 정의하면

$$\kappa_\beta = \kappa_\alpha \qquad \tau_\beta = (\operatorname{sgn} F)\tau_\alpha$$
$$\mathbf{T}_\beta = F_*(\mathbf{T}_\alpha) \quad \mathbf{N}_\beta = F_*(\mathbf{N}_\alpha) \quad \mathbf{B}_\beta = (\operatorname{sgn} F)F_*(\mathbf{B}_\alpha)$$

참고 6.1: 단위속력곡선 α가 $\kappa > 0$인 조건이 필요한 이유는 $\kappa = 0$이면 단위법선벡터 **N**을 정의할 수 없기 때문이다. 만약 $\kappa = 0$이라면 곡선 α가 직선이므로 굳이 고려할 필요가 없다. 곡률 κ가 항등적으로 영함수가 아니고 유한 개의 영점을 가진다면 구간을 분리하여 곡률이 양수인 구간에서 이론을 전개하면 된다.

Proof. 단위속력곡선 $\alpha(s) = \big(x(s), y(s), z(s)\big)$으로 두자. 등거리변환의 분해정리에 의하여 등거리변환 $F = T_{\mathbf{a}} \circ L_A$인 직교행렬 A와 점 **a**가 유일하게 존재한다. 방정식 (6.1)에 의하면

$$\beta(s) = A\alpha(s) + \mathbf{a} = A\begin{pmatrix} x(s) \\ y(s) \\ z(s) \end{pmatrix} + \mathbf{a} = \begin{pmatrix} a_{11} & a_{12} & a_{13} \\ a_{21} & a_{22} & a_{23} \\ a_{31} & a_{32} & a_{33} \end{pmatrix}\begin{pmatrix} x(s) \\ y(s) \\ z(s) \end{pmatrix} + \begin{pmatrix} a_1 \\ a_2 \\ a_3 \end{pmatrix}$$

되므로 미분 연산 $\frac{d}{ds}$, $\frac{d^2}{ds^2}$ 를 해보자.

$$\beta'(s) = A\alpha'(s) = F_*\alpha'(s), \quad \beta''(s) = A\alpha''(s) = F_*\alpha''(s)$$

먼저 곡선 β가 단위속력곡선이 되는지 확인하자.

$$\begin{aligned} \| \beta'(s) \| &= \| A\alpha'(s) \| \\ &= \| \alpha'(s) \| = 1 \qquad (\because A \text{ 직교행렬}) \end{aligned}$$

단위접선벡터로 고쳐 표기하면

$$\mathbf{T}_\beta(s) = A\mathbf{T}_\alpha(s) = F_*\big(\mathbf{T}_\alpha(s)\big)$$

이고

$$\mathbf{T}'_\beta(s) = A\mathbf{T}'_\alpha(s)$$

이다. 따라서

$$\kappa_\beta(s) = \| \mathbf{T}'_\beta(s) \| = \| A\mathbf{T}'_\alpha(s) \| = \| \mathbf{T}'_\alpha(s) \| = \kappa_\alpha(s)$$

따라서 단위법선벡터에 대한 관계식을 구해보자.

$$\mathbf{N}_\beta(s) = \frac{\mathbf{T}'_\beta(s)}{\kappa_\beta(s)} = \frac{A\mathbf{T}'_\alpha(s)}{\kappa_\alpha(s)} = A\left(\frac{\mathbf{T}'_\alpha(s)}{\kappa_\alpha(s)}\right) = A\mathbf{N}_\alpha(s) = F_*\big(\mathbf{N}_\alpha(s)\big)$$

단위종법선벡터에 대한 관계를 구해보자.

$$\begin{aligned} \mathbf{B}_\beta(s) &= \mathbf{T}_\beta(s) \times \mathbf{N}_\beta(s) \\ &= F_*\big(\mathbf{T}_\alpha(s)\big) \times F_*\big(\mathbf{N}_\alpha(s)\big) \\ &= (\operatorname{sgn} F)F_*\big(\mathbf{T}_\alpha(s) \times \mathbf{N}_\alpha(s)\big) \\ &= (\operatorname{sgn} F)F_*\big(\mathbf{B}_\alpha(s)\big) \end{aligned}$$

마지막으로 비틀림률에 대해서 구해보자.

$$\begin{aligned} \tau_\beta(s) &= -\mathbf{B}'_\beta(s) \cdot \mathbf{N}_\beta(s) \\ &= -(\operatorname{sgn} F)F_*\big(\mathbf{B}'_\alpha(s)\big) \cdot F_*\big(\mathbf{N}_\alpha(s)\big) \\ &= (\operatorname{sgn} F)\big(-\mathbf{B}'_\alpha(s) \cdot \mathbf{N}_\alpha(s)\big) \\ &= (\operatorname{sgn} F)\tau_\alpha(s) \end{aligned}$$

□

활동문제 6.1: 정칙곡선에 대한 곡률과 비틀림률에 대한 공식을 이용해서

$$\kappa_\beta = \kappa_\alpha \ , \ \tau_\beta = (\operatorname{sgn} F)\tau_\alpha$$

를 증명하라.

제 7 장

곡선의 합동

7.1 곡선의 합동은 어떻게 정의하는가?

우리가 연구하는 기하적인 대상은 곡선이다. 모든 곡선이 연구대상은 아니지만 최소한 정칙곡선을 대상으로 한다. 정칙곡선은 길이함수에 의하여 단위속력곡선로 표현된다. 두 단위속력곡선의 합동을 어떻게 정의해야 하는가? 먼저 정의를 보자.

정의 7.1: 두 곡선 $\alpha, \beta : (a,b) \to \mathbb{R}^3$이 **합동**이라는 것은 $\beta = F \circ \alpha$을 만족하는 등거리변환 F가 존재하는 것이다.

참고 7.1: 두 곡선 $\alpha, \beta : (a,b) \to \mathbb{R}^3$이 합동이면 $\beta(t) = F \circ \alpha(t)$이다. 따라서 등거리변환의 분해정리에 의해

$$\beta(t) = A\alpha(t) + \mathbf{a}$$

인 직교행렬 A와 점 $\mathbf{a}$가 유일하게 존재한다. 따라서 미분을 하면 $\beta'(t) = A\alpha'(t)$이므로 직교행렬의 성질에 의해 두 곡선의 속력함수

$$v_\alpha(t) = v_\beta(t)$$

도 같다.

참고 7.2: 두 곡선 $\alpha, \beta : (a,b) \to \mathbb{R}^3$이 합동이라면 $\alpha \cong \beta$으로 표기하자. 이 합동의 정의는 다음 세 가지 성질을 만족한다.

- 곡선 α에 대해 $\alpha \cong \alpha$이다. 즉 곡선은 자기자신과 합동이다.
- 곡선 α가 곡선 β와 합동이면 곡선 β가 곡선 α와 합동이다.
- 곡선 α가 곡선 β와 합동이고 곡선 β가 곡선 γ와 합동이면 곡선 α도 곡선 γ와 합동이다.

즉 곡선의 합동은 동치관계이다. 기하적인 대상체들의 집합에서 합동은 동치관계로 정의되어야 한다. 이렇게 동치관계가 성립하는 주요 원인은 등거리변환의 역사상이 등거리변환이고 등거리변환의 합성이 등거리변환이 되는 성질에 의존한다.

참고 7.3: 등거리변환의 집합 $G = \{F : \mathbb{R}^3 \to \mathbb{R}^3 \text{ 등거리변환}\}$이라 두자. 그럼 다음과 같은 성질이 만족한다.

- $F_1, F_2 \in G$이면 $F_1 \circ F_2 \in G$
- $F \in G$이면 $F^{-1} \in G$

등거리변환 집합의 성질이 곡선의 합동을 동치관계로 만들어주는 핵심적인 이유이다. 다음과 같은 집합을 고려해보자.

$$H = \{F : \mathbb{R}^3 \to \mathbb{R}^3 \mid F\text{는 } \operatorname{sgn} F = 1\text{을 만족하는 등거리변환}\}$$

등거리변환 중 일부분만 모은 집합이다. 직관적으로 회전이동과 평행이동만 허용하는 등거리변환이다. 만약 곡선의 합동을 집합 H에 의해 정의를 하면 어떤 일이 일어날까? 예를들어 다음 새로운 합동의 정의를 고려해보자.

정의 7.2: 두 곡선 $\alpha,\ \beta : (a,b) \to \mathbb{R}^3$이 **방향을 유지하는 합동**이라는 것은 $\beta = F \circ \alpha$을 만족하는 등거리변환 $F \in H$가 존재하는 것이다.

이미 살펴본 바와 같이 등거리변환은 곡률은 보존하지만, 비틀림률은 등거리변환의 부호 $\operatorname{sgn} F$에 의존해서 변한다. 우리는 두 곡선의 **합동일 필요충분조건**이

$$\kappa_\alpha = \kappa_\beta \quad \tau_\alpha = \pm\tau_\beta$$

일 것으로 짐작한다. 우리는 두 곡선의 **방향을 유지하는 합동일 필요충분조건**은

$$\kappa_\alpha = \kappa_\beta \quad \tau_\alpha = \tau_\beta$$

일 것으로 짐작한다.

이와 같이 방향을 고려한 합동을 평면에서 정의한다면 삼각형의 합동을 결정하는 조건도 변할 것이다.

활동문제 7.1: 평면에서 두 삼각형 Δ_1, Δ_2의 합동을 평면의 등거리변환 F가 존재하고 $\Delta_1 = F(\Delta_2)$이고 $\operatorname{sgn} F = 1$을 만족할 때라고 정의하자. 그러면 두 삼각형을 합동을 결정하는 조건을 찾아라.

활동문제 7.2: 곡선 α, β, γ에 대하여 다음을 증명하라,

- $\alpha \cong \alpha$
- $\alpha \cong \beta$이면 $\beta \cong \alpha$이다.
- $\alpha \cong \beta$이고 $\beta \cong \gamma$이면 곡선 $\alpha \cong \gamma$이다.

보조정리 7.1

점 $\mathbf{p}$에서 틀 $\mathbf{e}_1$, $\mathbf{e}_2$, $\mathbf{e}_3$이라 두고 점 $\mathbf{q}$에서 틀 $\mathbf{f}_1$, $\mathbf{f}_2$, $\mathbf{f}_3$이라 두자. 그러면 $F(\mathbf{p}) = \mathbf{q}$이고

$$F_*(\mathbf{e}_1) = \mathbf{f}_1, \quad F_*(\mathbf{e}_2) = \mathbf{f}_2, \quad F_*(\mathbf{e}_3) = \mathbf{f}_3$$

를 만족하는 유일한 등거리변환 F가 존재한다.

Proof. 틀 $\mathbf{e}_1$, $\mathbf{e}_2$, $\mathbf{e}_3$와 틀 $\mathbf{f}_1$, $\mathbf{f}_2$, $\mathbf{f}_3$을 모두 열벡터로 표현되었다고 가정하자. 행렬 A, B을 다음과 같이 정의하면

$$A = (\mathbf{e}_1, \mathbf{e}_2, \mathbf{e}_3), \quad B = (\mathbf{f}_1, \mathbf{f}_2, \mathbf{f}_3)$$

행렬 A, B는 직교행렬 $AA^t = E$, $BB^t = E$이 된다. 등거리변환을 찾기 위하여 먼저 첫번째 등거리변환인 평행이동 $F_1 = T_{-\mathbf{p}}$을 고려하자. 직관적으로 점 $\mathbf{p}$에서 틀 $\mathbf{e}_1$, $\mathbf{e}_2$, $\mathbf{e}_3$이 원점에서 틀 $\mathbf{e}_1$, $\mathbf{e}_2$, $\mathbf{e}_3$로 변환된다.

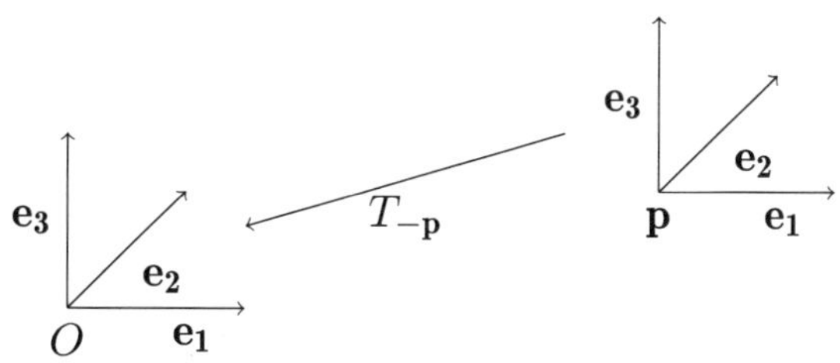

이제 직교변환 $L_C(\mathbf{X}) = C\mathbf{X}$을 구해야 한다. 특히

$$C\mathbf{e_1} = \mathbf{f_1}, \quad C\mathbf{e_2} = \mathbf{f_2}, \quad C\mathbf{e_3} = \mathbf{f_3}$$

를 만족하는 직교행렬 C을 구해야 한다. 그런데 우리는 이미 직교행렬 A, B을 알고 있다. 자연틀 $\mathbf{U_1}$, $\mathbf{U_2}$, $\mathbf{U_3}$이라 할 때, 행렬 A, B는 다음을 만족한다.

$$\begin{aligned} A\mathbf{U_1} = \mathbf{e_1} \quad A\mathbf{U_2} = \mathbf{e_2} \quad A\mathbf{U_3} = \mathbf{e_3} \\ B\mathbf{U_1} = \mathbf{f_1} \quad B\mathbf{U_2} = \mathbf{f_2} \quad B\mathbf{U_3} = \mathbf{f_3} \end{aligned}$$

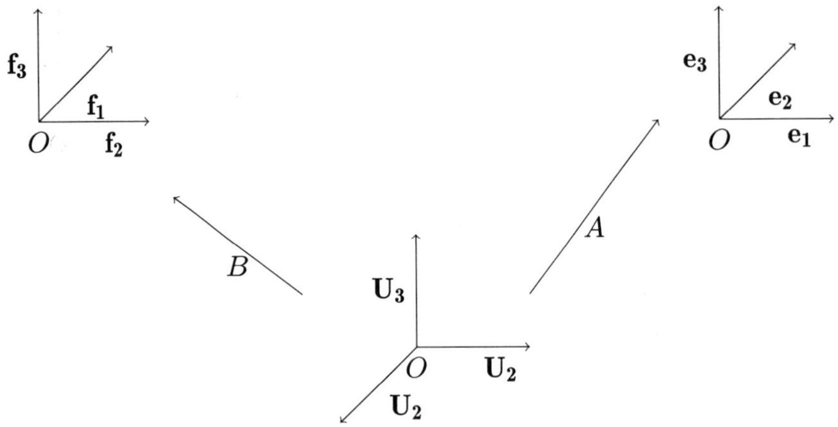

따라서 행렬 $C = BA^{-1}$로 잡으면

$$C\mathbf{e_i} = BA^{-1}\mathbf{e_i} = B\mathbf{U_i} = \mathbf{f_i} \quad (i = 1, 2, 3)$$

를 만족한다. 또한 행렬 A, B가 직교행렬이므로 행렬 $C = BA^{-1} = BA^t$이고

$$CC^t = BA^t(BA^t)^t = BA^tAB^t = BB^t = E$$

이다. 따라서 직교행렬 C을 얻는다. 또한 $\det C = \det(BA^t) = \det B \det A^t = \det B \det A$을 만족한다. 두번째 등거리변환 $F_2 = L_C$을 얻는다.

세번째 등거리변환으로 원점에 있는 틀 $\mathbf{f_1}$, $\mathbf{f_2}$, $\mathbf{f_3}$을 점 $\mathbf{q}$러 옮기는 평행이동 $F_3 = T_\mathbf{q}$을 잡자. 결론적으로 우리가 원하는 등거리변환은

$$\begin{aligned} F(\mathbf{X}) &= F_3 \circ F_2 \circ F_1(\mathbf{X}) = T_\mathbf{q} \circ L_C \circ T_{-\mathbf{p}}(\mathbf{X}) \\ &= C(\mathbf{X} - \mathbf{p}) + \mathbf{q} \end{aligned}$$

이다.

$$F(\mathbf{p}) = C(\mathbf{p} - \mathbf{p}) + \mathbf{q} = \mathbf{q}$$

이고

$$F_*(\mathbf{e_i}) = C(\mathbf{e_i}) = \mathbf{f_i} \quad (i = 1, 2, 3)$$

을 만족하는 등거리변환이다.

유일하게 존재함을 증명해보자. 만약 등거리변환 $G(\mathbf{X}) = D\mathbf{X} + \mathbf{b}$인 직교행렬 D와 점 $\mathbf{b}$가 $G_*\mathbf{e_i} = D\mathbf{e_i} = \mathbf{f_i}(i = 1, 2, 3)$이고 $G(\mathbf{p}) = \mathbf{q}$를 만족한다 가정하자. 그러면 행렬 D는

$$D(\mathbf{e_1}, \mathbf{e_2}, \mathbf{e_3}) = (\mathbf{f_1}, \mathbf{f_2}, \mathbf{f_3})$$

이므로

$$D = (\mathbf{f_1}, \mathbf{f_2}, \mathbf{f_3})(\mathbf{e_1}, \mathbf{e_2}, \mathbf{e_3})^{-1} = BA^{-1} = C$$

이다. $G(\mathbf{p}) = \mathbf{q}$를 이용하면

$$G(\mathbf{p}) = D\mathbf{p} + \mathbf{b} = C\mathbf{p} + \mathbf{b} = \mathbf{q}$$

이다. 따라서

$$\mathbf{b} = \mathbf{q} - C\mathbf{p}$$

이다. 결론적으로

$$G(\mathbf{X}) = C\mathbf{X} + \mathbf{q} - C\mathbf{p} = C(\mathbf{X} - \mathbf{p}) + \mathbf{q} = F(\mathbf{X})$$

를 만족한다. □

7.2 곡률과 비틀림률이 곡선의 합동조건이다.

먼저 단위속력곡선에 대한 합동을 결정하는 조건을 증명해보자.

정리 7.2 (곡선의 합동 정리)

두 단위속력곡선 α와 β의 곡률이 양수라 가정하자.

a) 단위속력곡선 $\alpha, \beta : (a, b) \to \mathbb{R}^3$가 다음을 만족하면

$$\kappa_\alpha = \kappa_\beta \ , \quad \tau_\alpha = \tau_\beta$$

곡선 α와 β는 방향을 유지하는 합동이다. 즉 등거리변환 F가 존재

하여 $\operatorname{sgn} F = 1$ 이고 $\beta = F \circ \alpha$ 이다.

b) 단위속력곡선 $\alpha, \beta : (a, b) \to \mathbb{R}^3$ 가 다음을 만족하면

$$\kappa_\alpha = \kappa_\beta \ , \quad \tau_\alpha = -\tau_\beta$$

등거리변환 F가 존재하여 $\operatorname{sgn} F = -1$ 이고 $\beta = F \circ \alpha$ 이다.

Proof. Case a) **증명** : 실수 $s_0 \in (a, b)$를 고정하자. $\kappa_\alpha = \kappa_\beta$, $\tau_\alpha = \tau_\beta$를 만족한다. 점 $\alpha(s_0)$에서 틀 $\mathbf{T}_\alpha(s_0)$, $\mathbf{N}_\alpha(s_0)$, $\mathbf{B}_\alpha(s_0)$와 점 $\beta(s_0)$에서 틀 $\mathbf{T}_\beta(s_0)$, $\mathbf{N}_\beta(s_0)$, $\mathbf{B}_\beta(s_0)$을 고려하자.

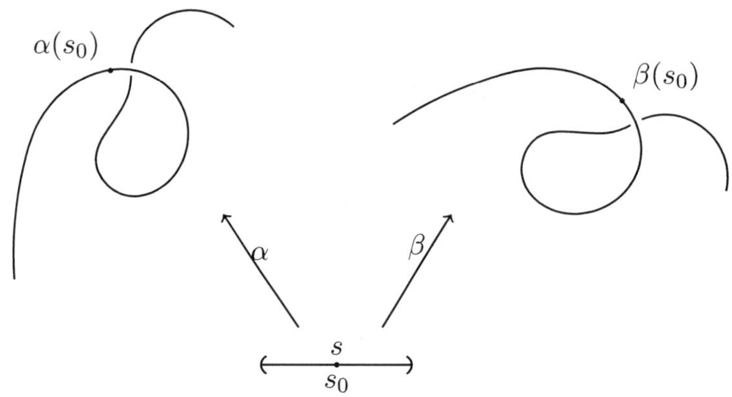

보조정리 7.1에 의하여 등거리변환 F가 $F(\alpha(s_0)) = \beta(s_0)$ 이고 $F_*(\mathbf{T}_\alpha(s_0)) = \mathbf{T}_\beta(s_0)$, $F_*(\mathbf{N}_\alpha(s_0)) = \mathbf{N}_\beta(s_0)$, $F_*(\mathbf{B}_\alpha(s_0)) = \mathbf{B}_\beta(s_0)$를 만족하는 F가 존재한다.

이런 등거리변환을 잡는 이유는 무엇인지 고민을 해보자. 곡선 α 위의 모든 점 $\alpha(s)$을 대응하는 점 $\beta(s)$에 대응시키는 등거리변환을 찾아야 한다. 그래서 일단 한 점 $\alpha(s_0)$을 점 $\beta(s_0)$으로 이동시키는 등거리변환을 찾아야 한다. 점만을 이동시키는 등거리변환은 평행이동이 존재한다. 그런데 곡선의 진행방향 즉 단위접선벡터의 방향을 일치시켜주면 최소 몇 개의 점들이 더 일치할 가능성이 높아진다. 그렇다면 곡선이 구부러지는 방향 즉 단위법선벡터의 방향도 일치시켜야 한다. 그래서 점 $\alpha(s_0)$에서 틀 $\mathbf{T}_\alpha(s_0)$, $\mathbf{N}_\alpha(s_0)$, $\mathbf{B}_\alpha(s_0)$을 점 $\beta(s_0)$에서 틀 $\mathbf{T}_\beta(s_0)$, $\mathbf{N}_\beta(s_0)$, $\mathbf{B}_\beta(s_0)$로 옮기는 등거리변환 F을 찾았다. 모든 벡터 $\mathbf{X}$에

대하여

$$F(\mathbf{X}) = C\big(\mathbf{X} - \alpha(s_0)\big) + \beta(s_0)$$

이고

$$C = \big(\mathbf{T}_\beta(s_0), \mathbf{N}_\beta(s_0), \mathbf{B}_\beta(s_0)\big)\big(\mathbf{T}_\alpha(s_0), \mathbf{N}_\alpha(s_0), \mathbf{B}_\alpha(s_0)\big)^{-1}$$

이다. 등거리변환의 부호 $\operatorname{sgn} F = \det C = 1$이고

$$F_*\big(\mathbf{T}_\alpha(s_0)\big) = \mathbf{T}_\beta(s_0), \quad F_*\big(\mathbf{N}_\alpha(s_0)\big) = \mathbf{N}_\beta(s_0), \quad F_*\big(\mathbf{B}_\alpha(s_0)\big) = \mathbf{B}_\beta(s_0)$$

를 만족한다.

$\beta \equiv \gamma$ **증명 :** 새로운 곡선 $\gamma = F \circ \alpha$라 정의하자. 우리가 원하는 것은 곡선 γ가 곡선 β와 일치하는 것이다. 즉 모든 $s \in (a, b)$에 대하여 $\gamma(s) = \beta(s)$를 만족하는 것이다. 곡선 γ에 대한 정보를 정리해보자.

- γ는 단위속력곡선이고 $\gamma(s_0) = F\big(\alpha(s_0)\big) = \beta(s_0)$이다.
- 등거리변환 F의 부호 $\operatorname{sgn} F = 1$이므로 $\kappa_\gamma = \kappa_\alpha$이고 $\tau_\gamma = \tau_\alpha$이다. 즉

$$\kappa_\gamma = \kappa_\beta \text{ 이고 } \tau_\gamma = \tau_\beta$$

- 곡선 γ위의 한 점 $\gamma(s_0)$에서 단위접선벡터는

$$\mathbf{T}_\gamma(s_0) = F_*\mathbf{T}_\alpha(s_0) = \mathbf{T}_\beta(s_0)$$

  이다. 마찬가지로 단위법선벡터, 단위종법선벡터에 대한 관계식을 얻는다.

$$\mathbf{N}_\gamma(s_0) = F_*\mathbf{N}_\alpha(s_0) = \mathbf{N}_\beta(s_0)$$
$$\mathbf{B}_\gamma(s_0) = F_*\mathbf{B}_\alpha(s_0) = \mathbf{B}_\beta(s_0)$$

알고있는 정보를 취합하여 정리하면 두 곡선 β와 γ는 한 점을 동시에 통과하며 점에서 진행방향과 구부러지는 방향이 일치한다. 또한 구부러지는 정도를 나타내는 곡률과 접촉평면을 벗어나는 정도를 측정하는 비틀림률이 일치하므로 직관적으로 두 곡선 β와 γ는 일치할 것으로 예상한다.

그럼 우리가 도달하고자 하는 목표는 모든 $s \in (a, b)$에 대하여

$$\beta(s) = \gamma(s)$$

를 만족하는 것이다. 이 식을 미분연산자 $\frac{d}{ds}$를 적용하면

$$\mathbf{T}_\beta(s) = \beta'(s) = \gamma'(s) = \mathbf{T}_\gamma(s)$$

을 얻는다면 $\beta(s_0) = \gamma(s_0)$로 부터 결론을 유도해낼 수 있다. 우리가 증명해야할

$$\mathbf{T}_\beta(s) = \mathbf{T}_\gamma(s)$$

새로운 방정식을 얻었다. 여전히 우리는 이것을 증명하지 못한다. 대신 단위법선벡터 $\mathbf{T}_\beta$, $\mathbf{T}_\gamma$ 가 단위벡터임을 알고 있다. 이 사실을 이용하면

$$\mathbf{T}_\beta(s) \cdot \mathbf{T}_\gamma(s) = 1 \Longleftrightarrow \mathbf{T}_\beta(s) = \mathbf{T}_\gamma(s)$$

임을 알 수 있고, $\mathbf{T}_\beta(s) \cdot \mathbf{T}_\gamma(s) = 1$이 새롭게 증명해야 할 목표이다. 그래서 다음과 같은 함수를 고려해보자. 모든 $s \in (a, b)$에 대하여

$$f(s) = \mathbf{T}_\beta(s) \cdot \mathbf{T}_\gamma(s) + \mathbf{N}_\beta(s) \cdot \mathbf{N}_\gamma(s) + \mathbf{B}_\beta(s) \cdot \mathbf{B}_\gamma(s)$$

로 정의하자. 이제 함수 $f \equiv 3$이 상수함수이며 그 상수가 3임을 증명할 것이다.

$f \equiv 3$ **증명 :** 상수함수임을 보이는 가장 좋은 방법은 미분연산자를 적용하는 것이다.

$$\begin{aligned} f'(s) &= \mathbf{T}_\beta{}'(s) \cdot \mathbf{T}_\gamma(s) + \mathbf{T}_\beta(s) \cdot \mathbf{T}_\gamma{}'(s) \\ &\quad + \mathbf{N}_\beta{}'(s) \cdot \mathbf{N}_\gamma(s) + \mathbf{N}_\beta(s) \cdot \mathbf{N}_\gamma{}'(s) \\ &\quad + \mathbf{B}_\beta{}'(s) \cdot \mathbf{B}_\gamma(s) + \mathbf{B}_\beta(s) \cdot \mathbf{B}_\gamma{}'(s) \end{aligned}$$

이 식에 프레네-세레 공식을 적용하면

$$\begin{aligned} f'(s) &= \kappa_\beta(s)\mathbf{N}_\beta(s) \cdot \mathbf{T}_\gamma(s) + \kappa_\gamma(s)\mathbf{T}_\beta(s) \cdot \mathbf{N}_\gamma(s) \\ &\quad + \big(- \kappa_\beta(s)\mathbf{T}_\beta(s) + \tau_\beta(s)\mathbf{B}_\beta(s)\big) \cdot \mathbf{N}_\gamma(s) + \mathbf{N}_\beta(s) \cdot \big(- \kappa_\gamma(s)\mathbf{T}_\gamma(s) + \tau_\gamma(s)\mathbf{B}_\gamma(s)\big) \\ &\quad - \tau_\beta(s)\mathbf{N}_\beta(s) \cdot \mathbf{B}_\gamma(s) - \tau_\gamma(s)\mathbf{B}_\beta(s) \cdot \mathbf{N}_\gamma(s) \end{aligned}$$

를 얻는다. $\kappa_\beta = \kappa_\gamma$, $\tau_\beta = \tau_\gamma$ 이므로 곡률과 비틀림률의 첨자를 생략하고 간략히 표현하여 보자.

$$\begin{aligned} f'(s) &= \kappa(s)\mathbf{N}_\beta(s) \cdot \mathbf{T}_\gamma(s) + \kappa(s)\mathbf{T}_\beta(s) \cdot \mathbf{N}_\gamma(s) - \kappa(s)\mathbf{T}_\beta(s) \cdot \mathbf{N}_\gamma(s) \\ &\quad + \tau(s)\mathbf{B}_\beta(s) \cdot \mathbf{N}_\gamma(s) - \kappa(s)\mathbf{N}_\beta(s) \cdot \mathbf{T}_\gamma(s) + \tau(s)\mathbf{N}_\beta(s) \cdot \mathbf{B}_\gamma(s) \\ &\quad - \tau(s)\mathbf{N}_\beta(s) \cdot \mathbf{B}_\gamma(s) - \tau(s)\mathbf{B}_\beta(s) \cdot \mathbf{N}_\gamma(s) \\ &= 0 \end{aligned}$$

따라서, 함수 f가 상수함수임을 알 수 있다. 또한

$$\begin{aligned} f(s_0) &= \mathbf{T}_\beta(s_0) \cdot \mathbf{T}_\gamma(s_0) + \mathbf{N}_\beta(s_0) \cdot \mathbf{N}_\gamma(s_0) + \mathbf{B}_\beta(s_0) \cdot \mathbf{B}_\gamma(s_0) \\ &= 3 \quad \big(\because \mathbf{T}_\beta(s_0) = \mathbf{T}_\gamma(s_0),\ \mathbf{N}_\beta(s_0) = \mathbf{N}_\gamma(s_0),\ \mathbf{B}_\beta(s_0) = \mathbf{B}_\gamma(s_0)\big) \end{aligned}$$

이다. 따라서 $f \equiv 3$임을 보였다.

단위접선벡터, 단위법선벡터, 단위종법선벡터는 모두 단위벡터이므로 함수 f의 세 성분은 다음을 만족한다.

$$-1 \le \mathbf{T}_\beta(s) \cdot \mathbf{T}_\gamma(s) \le 1$$
$$-1 \le \mathbf{N}_\beta(s) \cdot \mathbf{N}_\gamma(s) \le 1$$
$$-1 \le \mathbf{B}_\beta(s) \cdot \mathbf{B}_\gamma(s) \le 1$$

함수 f가 상수함수이고 상수가 3이므로

$$\beta'(s) = \mathbf{T}_\beta(s) = \mathbf{T}_\gamma(s) = \gamma'(s)$$

를 얻었다. $\beta(s_0) = \gamma(s_0)$이므로 곡선 β와 α가 일치함을 증명하였다.

Case b) **증명** : 증명 a)와 마찬가지로 실수 $s_0 \in (a, b)$를 고정하자. 또한 $\kappa_\alpha = \kappa_\beta$이고 $\tau_\alpha = -\tau_\beta$를 만족한다.

점 $\alpha(s_0)$에서 틀 $\mathbf{T}_\alpha(s_0)$, $\mathbf{N}_\alpha(s_0)$, $\mathbf{B}_\alpha(s_0)$와 점 $\beta(s_0)$에서 틀 $\mathbf{T}_\beta(s_0)$, $\mathbf{N}_\beta(s_0)$, $\mathbf{B}_\beta(s_0)$을 고려하자. 보조정리 7.1에 의하여 등거리변환 F가 $F(\alpha(s_0)) = \beta(s_0)$이고 $F_*(\mathbf{T}_\alpha(s_0)) = \mathbf{T}_\beta(s_0)$, $F_*(\mathbf{N}_\alpha(s_0)) = \mathbf{N}_\beta(s_0)$, $F_*(\mathbf{B}_\alpha(s_0)) = \mathbf{B}_\beta(s_0)$를 만족하는 F가 존재한다. 이 등거리변환은 $\operatorname{sgn} F = 1$이다. 따라서 새로운 곡선 $\gamma = F \circ \alpha$의 비틀림률

$$\tau_\gamma = \tau_\alpha = -\tau_\beta$$

이다. 이렇게 생성된 곡선 γ의 비틀림이 곡선 β의 비틀림과 부호가 반대이다. 곡선 γ가 접촉평면을 아래에서 위로 이동하면 곡선 β는 위에서 아래로 반대로 이동한다. 이런 등거리변환으로는 두 곡선 β, γ을 일치시킬 수 없다. 따라서 향을 뒤집는 등거리변환이 필요하다. 단위접선벡터는 곡선의 진행방향이고, 단위법선벡터는 곡선이 구부러지는 방향이다. 이 두 벡터는 당연히 일치해야 하므로, 단위종법선벡터는 접촉평면의 위와 아래를 결정하는 벡터이므로 다음과 같은 틀을 고려하자.

점 $\alpha(s_0)$에서 틀 $\mathbf{T}_\alpha(s_0)$, $\mathbf{N}_\alpha(s_0)$, $\mathbf{B}_\alpha(s_0)$와 점 $\beta(s_0)$에서 틀 $\mathbf{T}_\beta(s_0)$, $\mathbf{N}_\beta(s_0)$, $-\mathbf{B}_\beta(s_0)$을 고려하자. 보조정리 7.1에 의하여 등거리변환 F는 모든

벡터 $\mathbf{X}$에 대해서

$$F(\mathbf{X}) = C\big(\mathbf{X} - \alpha(s_0)\big) + \beta(s_0)$$

이고

$$C = \big(\mathbf{T}_\beta(s_0), \mathbf{N}_\beta(s_0), -\mathbf{B}_\beta(s_0)\big)\big(\mathbf{T}_\alpha(s_0), \mathbf{N}_\alpha(s_0), \mathbf{B}_\alpha(s_0)\big)^{-1}$$

이다. 특히

$$\begin{aligned}\operatorname{sgn} F &= \det C \\ &= \det(\mathbf{T}_\beta(s_0), \mathbf{N}_\beta(s_0), -\mathbf{B}_\beta(s_0)) \det(\mathbf{T}_\alpha(s_0), \mathbf{N}_\alpha(s_0), \mathbf{B}_\alpha(s_0))^{-1} \\ &= (-1)\cdot 1 = -1\end{aligned}$$

이고

$$F_*\big(\mathbf{T}_\alpha(s_0)\big) = \mathbf{T}_\beta(s_0), \quad F_*\big(\mathbf{N}_\alpha(s_0)\big) = \mathbf{N}_\beta(s_0), \quad F_*\big(\mathbf{B}_\alpha(s_0)\big) = -\mathbf{B}_\beta(s_0)$$

를 만족한다. 새로운 곡선 $\gamma = F \circ \alpha$이라 정의하면

$$\begin{aligned}\kappa_\gamma &= \kappa_\alpha \\ \tau_\gamma &= -\tau_\alpha = -(-\tau_\beta) = \tau_\beta \\ \mathbf{T}_\gamma(s_0) &= F_*\big(\mathbf{T}_\alpha(s_0)\big) = \mathbf{T}_\beta(s_0) \\ \mathbf{N}_\gamma(s_0) &= F_*\big(\mathbf{N}_\alpha(s_0)\big) = \mathbf{N}_\beta(s_0) \\ \mathbf{B}_\gamma(s_0) &= -F_*\big(\mathbf{B}_\alpha(s_0)\big) = -\big(-\mathbf{B}_\beta(s_0)\big) = \mathbf{B}_\beta(s_0)\end{aligned}$$

두 곡선 β와 γ은 위와 같은 관계가 있다. 이 상황은 $\beta \equiv \gamma$ **증명**의 경우와 일치한다. 증명은 똑같은 과정을 거치면 완료되므로 생략한다. □

곡률과 비틀림률을 이용한 곡선에 대한 분류를 정리를 해보자. 단위속력곡선를 α라 하자.

- $\kappa \equiv 0$일 필요충분조건은 곡선 α가 직선이다.
- $\tau \equiv 0$일 필요충분조건은 곡선 α가 평면위에 있다.
- κ가 양수인 상수이고 $\tau \equiv 0$일 필요충분조건은 곡선 α가 원 또는 원의 일부이다.

곡률과 비틀림률이 상수인 대표적인 곡선은 나선이다. 양수 $a > 0$와 영이 아닌 실수 $b \neq 0$에 대하여 나선 $\gamma_{a,b}$을 다음과 같이 정의한다.

$$\gamma_{a,b}(s) = \left(a\cos\Big(\frac{s}{\sqrt{a^2+b^2}}\Big), a\sin\Big(\frac{s}{\sqrt{a^2+b^2}}\Big), \frac{bs}{\sqrt{a^2+b^2}}\right)$$

그럼 나선 $\gamma_{a,b}$의 곡률과 비틀림률은 다음과 같다.

$$\kappa = \frac{a}{a^2+b^2} > 0, \quad \tau = \frac{b}{a^2+b^2} \neq 0$$

곡선의 합동정리를 이용하면 단위속력곡선 α가 나선일 필요충분조건은 양수인 상수 곡률과 영이 아닌 상수 비틀림률일 것이다. 다음 정리를 보자.

정리 7.3

단위속력곡선을 α라 두자. 곡선 α가 나선과 합동일 필요충분조건은 $\kappa > 0$인 상수이고, $\tau \neq 0$인 상수이다.

Proof. 단위속력곡선 α가 나선 $\gamma_{a,b}$에 합동이라 가정하자. 그러면

$$\kappa_\alpha = \kappa_{\gamma_{a,b}} = \frac{a}{a^2+b^2} > 0$$
$$\tau_\alpha = \tau_{\gamma_{a,b}} = \frac{b}{a^2+b^2} \neq 0$$

이다.

역증명을 위하여 단위속력곡선 α의 곡률 κ이 양수인 상수이고, 비틀림률 τ이 영이 아닌 상수라 가정하자. 양수인 실수 a와 영이 아닌 실수 b가

$$\kappa = \frac{a}{a^2+b^2}, \quad \tau = \frac{b}{a^2+b^2}$$

을 만족하도록 찾기를 원한다. 그래서 $\kappa^2+\tau^2$를 계산해보자.

$$\begin{aligned}\kappa^2+\tau^2 &= \left(\frac{a}{a^2+b^2}\right)^2 + \left(\frac{b}{a^2+b^2}\right)^2 \\ &= \frac{1}{a^2+b^2}\end{aligned}$$

따라서 $a = \frac{\kappa}{\kappa^2+\tau^2}, \quad b = \frac{\tau}{\kappa^2+\tau^2}$라 둔다. 그러면 a는 양수인 상수이고 b는 영이 아닌 실수이다. 나선 $\gamma_{a,b}$은 단위속력곡선이고 곡률은

$$\frac{a}{a^2+b^2} = (\kappa^2+\tau^2)\frac{\kappa}{\kappa^2+\tau^2} = \kappa$$

이고, 비틀림률은

$$\frac{b}{a^2+b^2} = (\kappa^2+\tau^2)\frac{\tau}{\kappa^2+\tau^2} = \kappa$$

이다. 따라서 두 곡선 α와 $\gamma_{a,b}$의 곡률과 비틀림률이 같다. 곡선의 합동 정리에 의해서 α와 $\gamma_{a,b}$는 합동이다. □

정칙곡선에 대한 합동은 어떻게 결정되는지에 대한 정리는 다음과 같다.

정리 7.4 (정칙곡선의 합동 정리)

두 정칙곡선 α와 β의 곡률이 양수라 가정하자.

정칙곡선 $\alpha, \beta : (a,b) \to \mathbb{R}^3$가 다음을 만족하면

$$v_\alpha = v_\beta \ , \ \kappa_\alpha = \kappa_\beta \ , \ \ \tau_\alpha = \tau_\beta$$

곡선 α와 β는 방향을 유지하는 합동이다. 즉 등거리변환 F가 존재하여 $\operatorname{sgn} F = 1$이고 $\beta = F \circ \alpha$이다.

b) 정칙곡선 $\alpha, \beta : (a,b) \to \mathbb{R}^3$가 다음을 만족하면

$$v_\alpha = v_\beta \ , \ \kappa_\alpha = \kappa_\beta \ , \ \ \tau_\alpha = -\tau_\beta$$

등거리변환 F가 존재하여 $\operatorname{sgn} F = -1$이고 $\beta = F \circ \alpha$이다.

참고 7.4: 정칙곡선 α와 β의 속력이 같으므로 같은 길이함수 $s_\alpha(t) = s_\beta(t)$를 가진다. 당연하게도 역함수 $t = t(s)$도 동일하다. 매개변수변환을 통한 단위 속력곡선의 곡률과 비틀림률이 같은 함수이므로 곡선의 합동 정리를 적용하면 증명이 가능하다.

부 록

A.1 평면곡선의 곡률

공간위의 곡선과 마찬가지로 평면의 단위속력곡선에 대해서 곡률을 정의하자.

정의 A.1: 단위속력곡선 $\alpha : (a, b) \to \mathbb{R}^2$ 에 대하여

$$\alpha(s) = \big(x(s), y(s)\big)$$

라 표기하자. **단위접선벡터 T**는

$$\mathbf{T}(s) = \alpha'(s) = \big(x'(s), y'(s)\big)$$

로 정의한다. **단위법선벡터 N**는

$$\mathbf{N}(s) = \alpha'(s) = \big(-y'(s), x'(s)\big)$$

라 정의한다. 단위접선벡터 $\mathbf{T}$를 반시계방향으로 $90°$ 회전한 벡터이다. 곡선의 **곡률** κ은

$$\kappa(s) = \mathbf{T}(s) \cdot \mathbf{N}(s)$$

로 정의한다.

참고 A.1: 공간곡선과 달리 평면곡선은 단위법선벡터 $\mathbf{N}$를 단위접선벡터를 반시계방향으로 $90°$ 회전한 벡터이다. 평면이 아닌 공간에서는 이렇게 정의할 수 없다. 공간에서는 하나의 벡터를 $90°$ 회전한 벡터가 무수히 많기 때문이다.

참고 A.2: 단위속력곡선 α에 대하여 속도벡터 $\alpha'(s)$와 가속도벡터 $\alpha''(s)$는 항상 수직이다. 단위접선벡터 $\mathbf{T}$와 $\mathbf{T}'$와 항상 수직이다. 또한 단위법선벡터 $\mathbf{N}$도 단위접선벡터에 수직이다.

$$\mathbf{T}' = k\mathbf{N}$$

인 실수 k가 존재한다. 이 사실과 곡률의 정의 $\kappa(s) = \mathbf{T}(s) \cdot \mathbf{N}(s)$를 적용하면 $\kappa = k$이다. 평면의 프레네-세레 공식

$$\mathbf{T}' = \kappa\mathbf{N}$$

을 얻을 수 있다. 벡터의 크기를 취하면 $\mathbf{T}'$의 크기는 공간곡선으로 곡률이고 평면곡선의 곡률 절댓값 $|\kappa|$과 같다.

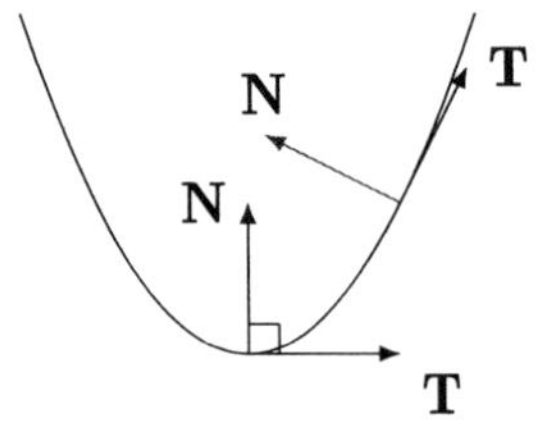

참고 A.3: 평면곡선의 곡률 κ의 정의는 음의부호도 가능한 곡률이다. 그럼 κ의 부호는 어떤 의미가 있을 지에 대한 질문을 하는 것은 자연스럽다.

$$\mathbf{T}' = \kappa\mathbf{N}$$

의 공식에서 우리가 유추를 해볼 수 있다. 공간곡선에서 살펴본 바와 같이 $\mathbf{T}'$는 곡선이 구부러지는 방향을 지시한다. 단위법선벡터 $\mathbf{N}$는 항상 단위접선벡터 $\mathbf{T}$와 수직이며 왼쪽방향 혹은 반시계방향이다.

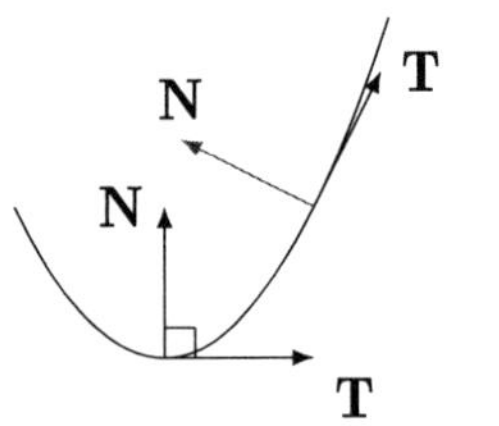

$\kappa > 0$

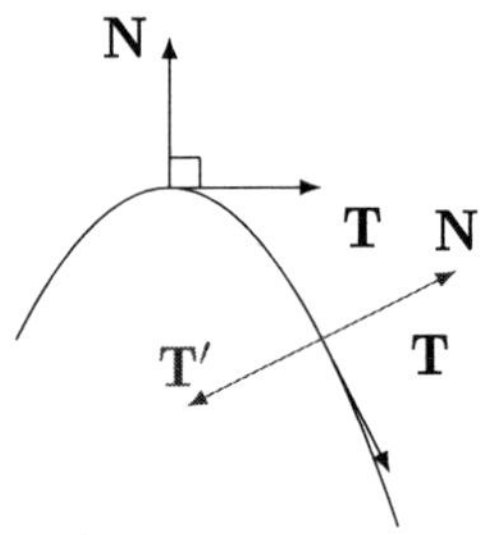

$\kappa < 0$

정리 A.1 (평면의 프레네-세레 공식)

> 단위속력곡선 α에 대해서 단위접선벡터 $\mathbf{T}$와 단위접선벡터 $\mathbf{N}$의 관계식은 다음과 같다.
>
> $$\mathbf{T}' = \kappa\mathbf{N}$$
> $$\mathbf{N}' = -\kappa\mathbf{T}$$

참고 A.4: 평면의 프레네-세레 공식도 행렬식으로 나타낼수 있으며 다음과 같다. 공간의 프레네-세레 공식처럼 행렬이 반대칭행렬(skew-symmetric matrix)

이다. 공간에서는 곡률과 비틀림률이 원소라면 평면에서는 곡률이 원소이다.

$$\begin{pmatrix} \mathbf{T}' \\ \mathbf{N}' \end{pmatrix} = \begin{pmatrix} 0 & \kappa \\ -\kappa & 0 \end{pmatrix} \begin{pmatrix} \mathbf{T} \\ \mathbf{N} \end{pmatrix}$$

Proof. 벡터 $\mathbf{T}$, $\mathbf{N}$는 서로 수직이고 단위벡터이므로 임의의 벡터는 두 벡터의 일차결합으로 나타낼 수 있다. 따라서

$$\mathbf{T}' = a\mathbf{T} + b\mathbf{N}$$

인 실수 a, b가 존재한다. 양변에 $\mathbf{T}$를 내적하면

$$a = \mathbf{T}' \cdot \mathbf{T}$$

를 얻는다. 단위벡터의 성질에 의해 $\mathbf{T} \cdot \mathbf{T} = 1$이다. 양변을 미분하면

$$a = \mathbf{T}' \cdot \mathbf{T} = 0$$

을 얻는다. b를 구하기 위하여 벡터 $\mathbf{T}$를 내적하면

$$b = \mathbf{T}' \cdot \mathbf{N}$$

임을 안다. 곡률의 정의에 의해 $b = \kappa$를 얻고 첫번째 공식을 증명하였다.

마찬가지로

$$\mathbf{N}' = a\mathbf{T} + b\mathbf{N}$$

인 실수 a, b가 존재한다. 양변에 $\mathbf{T}$를 내적하면

$$\mathbf{N}' \cdot \mathbf{T} = a$$

이다. 두 벡터가 수직이므로 $\mathbf{N} \cdot \mathbf{T} = 0$를 미분하면

$$\mathbf{N}' \cdot \mathbf{T} + \mathbf{N} \cdot \mathbf{T}' = 0$$

이고

$$a = \mathbf{N}' \cdot \mathbf{T} = -\mathbf{N} \cdot \mathbf{T}' = -\mathbf{N} \cdot (\kappa\mathbf{N}) = -\kappa$$

를 얻는다. 따라서

$$\mathbf{N}' = -\kappa\mathbf{T}$$

를 만족한다. □

평면의 곡률 κ을 이해하기 위한 새로운 방법을 도입하여 보자. 물론 이 방법도 평면이어서 가능한 방법이다.

정의 A.2: 주어진 단위속력곡선 $\alpha : (a,b) \to \mathbb{R}^2$에 대하여 단위접선벡터 $\mathbf{T}(s)$와 $\mathbf{U_1} = (1,0)$의 사잇각을 $\theta(s)$라 정의하자. 그런데 사잇각

$$\cos\theta(s) = \mathbf{T}(s) \cdot \mathbf{U_1}$$

인 $\theta : (a,b) \to \mathbb{R}$이 연속이도록 하는 함수로 정의한다.

참고 A.5: 이렇게 정의된 θ은 유일하게 정의되지 않는다. 다만 θ의 변화율이 곡률 κ와 같을 것으로 짐작한다. 그림처럼 $\mathbf{T}$이 왼쪽으로 기울면 사잇각 θ의 변화율도 양수이고 빨리 기울수록 절댓값도 커진다.

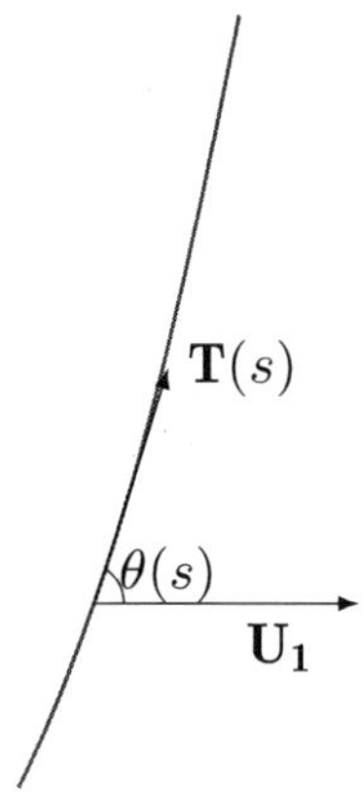

정리 A.2

단위속력곡선 $\alpha : (a,b) \to \mathbb{R}^2$과 모든 $s \in (a,b)$에 대하여

$$\frac{d}{ds}\theta(s) = \kappa(s)$$

를 만족한다.

Proof. 사잇각 $\theta(s)$의 정의에 따라

$$\mathbf{T}(s) = \big(\cos\theta(s), \sin\theta(s)\big)$$

로 표현된다. 미분을 하면

$$\mathbf{T}'(s) = \big(-\sin\theta(s), \cos\theta(s)\big)\theta'(s)$$

를 얻는다. 단위법선벡터 $\mathbf{N}$는 단위접선벡터를 $90°$ 반시계방향으로 회전한 벡터이므로

$$\mathbf{N}(s) = \big(-\sin\theta(s), \cos\theta(s)\big)$$

이다. 곡률의 정의에 따라

$$\begin{aligned}\kappa(s) &= \mathbf{T}'(s)\cdot\mathbf{N}(s)\\ &= \theta'(s)\big(-\sin\theta(s), \cos\theta(s)\big)\cdot\big(-\sin\theta(s), \cos\theta(s)\big)\\ &= \theta'(s)\end{aligned}$$

를 얻는다. □

참고 A.6: 단위속력곡선 $\alpha : (a, b) \to \mathbb{R}^2$에 대해서 다음과 같이 곡률의 적분을 계산해보자.

$$\int_{t_0}^{t} \kappa(s)ds = \int_{t_0}^{t} \theta'(s)ds = \theta(t) - \theta(t_0)$$

를 만족한다. 좀더 구체적인 예로 $\alpha(s) = (\cos s, \sin s)$ 로 두자. $\mathbf{T}(s) = (-\sin s, \cos s)$ 이고

$$\mathbf{T}(s)\cdot\mathbf{U_1}(s) = -\sin s$$

이다. 사잇각 $\theta(s)$ 를 구하기 위해 방정식

$$\cos\theta(s) = -\sin s$$

을 풀어야 한다. 그림을 통해 보더라도 $\theta(s) = s + \frac{\pi}{2}$ 임을 알수 있다. 그러므로 곡률도 상수이며 1임을 알수 있다.

$$\int_0^{2\pi} \kappa(s)ds = 2\pi$$

정확히 원을 반시계방향으로 한 번 돌면 2π 만큼의 각도 차이가 생긴다.

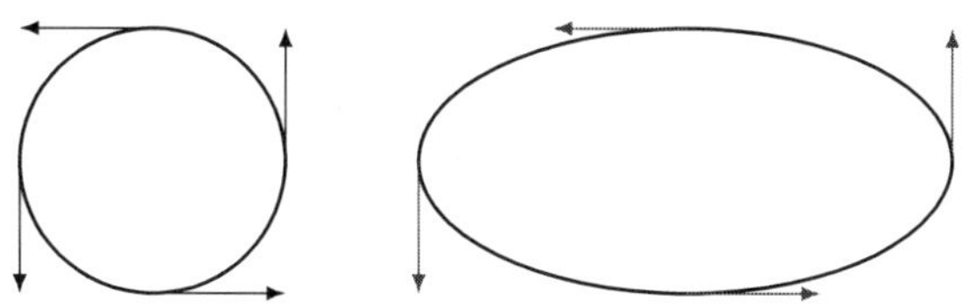

원이 아니라 타원에 대해서 똑같은 작업을 수행하더라도 단위접선벡터와 $\mathbf{U_1}$ 의 사잇각은 2π 만큼 변한다. 원을 시계방향으로 회전하는 경우에는 곡률을 적분한 값이 -2π 가 나온다.

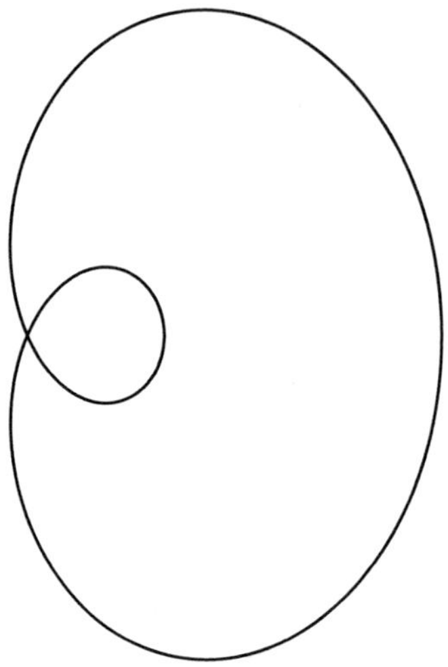

위와 같은 곡선인 경우에 반시계방향으로 움직이면 4π라는 값이 도출되고 시계방향으로 움직이면 -4π이 된다. 곡선의 시작점과 끝점이 같고 시작점의 접선벡터와 끝점의 접선벡터가 같으면 방향을 고려한 회전수를 조사할 수 있다.

정의 A.3: 단위속력곡선 $\alpha : [0, L] \to \mathbb{R}^2$에 대하여 곡선 α이 닫혀있다는 것은 $\alpha(0) = \alpha(L)$인 것이다. 곡선 α의 $s = 0, L$일 때 단위접선벡터를 극한값이 존재하면

$$\alpha'(0) = \lim_{t \to 0+} \alpha(t)$$

로 정의한다. 마찬가지로

$$\alpha'(L) = \lim_{t \to L-} \alpha(t)$$

로 정의한다. 만약 $\alpha'(0) = \alpha'(L)$이면 방향을 고려한 회전수

$$R = \frac{1}{2\pi} \int_0^L \kappa(s) ds$$

로 정의한다.

A.2 역함수 정리

정칙곡선을 길이함수를 이용한 매개변수 변환을 통하여 단위속력곡선을 구할 수 있다. 이 정리의 증명에 사용된 역함수 정리를 일변수 함수 경우만 소개하고 증명하고자 한다.

정리 A.3 (역함수정리)

함수 f가 개구간 (a,b)에서 미분가능하고 도함수 f'가 연속이라 가정하자. 모든 $x \in (a,b)$에 대하여 미분계수 $f'(x) \neq 0$이면 함수 f의 치역 $f(a,b)$은 개구간이고 역함수 $g : f(a,b) \to (a,b)$가 존재하고 미분가능하고 도함수 g'도 연속이다. 즉 모든 $x \in (a,b)$에 대하여 $g \circ f(x) = x$.

Proof. 함수 f'가 연속이고 모든 $x \in (a,b)$에 대하여 미분계수 $f'(x) \neq 0$이므로 함수 $f' > 0$인 경우만 증명해도 된다. 함수 f의 치역 $f(A)$은 개구간임을 보이자.

$$c = \inf\{f(x) \mid a < x < b\}\ ,\quad d = \sup\{f(x) \mid a < x < b\}$$

이라 두자. 정의에 따라 c와 d는 실수가 아니라, $c = -\infty$ 혹은 $d = \infty$ 일 수도 있다. $f(a,b) = (c,d)$임을 보이자. 실수 y를 $c < y < d$ 라 하자. c와 d의 정의에 의해

$$c < f(m) < y < f(M) < d$$

인 실수 $m, M \in (a,b)$가 존재한다. 중간값정리에 의해서 $f(x) = y$인 실수 $x \in (a,b)$가 존재한다. 따라서 함수 f의 치역은 개구간이다.

함수 f는 증가함수이다. 즉 $x_1 < x_2$이면 $f(x_1) < f(x_2)$이다. 왜냐하면 평균치정리에 의하면

$$\frac{f(x_2) - f(x_1)}{x_2 - x_1} = f'(c) > 0$$

인 실수 $c \in (x_1, x_2)$가 존재한다. 따라서 $f(x_1) < f(x_2)$이다.

결론적으로 함수 f는 개구간 (a,b)으로 부터 (c,d)위로의 일대일 대응사상이다. 따라서 역함수 $g : (c,d) \to (a,b)$가 존재한다.

역함수 g가 $q \in (c,d)$에서 미분가능함을 보이자. 일단 $g(q) = p$라 두자. 역함수 g의 미분계수

$$g'(q) = \lim_{y \to q} \frac{g(y) - g(q)}{y - q}$$

의 존재성을 보이자. 함수 f와 g가 일대일 대응이고 역함수이므로 $x = g(y) \leftrightarrow y = f(x)$이고 $p = g(q) \leftrightarrow q = f(p)$이다. 따라서

$$g'(q) = \lim_{y \to q} \frac{g(y) - g(q)}{y - q} = \lim_{x \to p} \frac{x - p}{f(x) - f(p)} = \frac{1}{f'(p)}$$

이다. 따라서 $g'(y) = \frac{1}{f'(x)}$ (단 $x = g(y)$)이므로 g'는 연속이다. □

A.3 내적(Inner product)

정의 A.4: 두 벡터 $\mathbf{v} = (v_1, v_2, v_3)$와 $\mathbf{w} = (w_1, w_2, w_3)$에 대하여 벡터의 내적을

$$\mathbf{v} \cdot \mathbf{w} = v_1 w_1 + v_2 w_2 + v_3 w_3$$

이라 정의하자. 벡터의 크기는 $\| \mathbf{v} \| = \sqrt{{v_1}^2 + {v_2}^2 + {v_3}^2}$ 로 정의한다.

고등학교 교육과정에서 벡터의 내적은

$$\mathbf{v} \cdot \mathbf{w} = \| \mathbf{v} \| \| \mathbf{w} \| \cos\theta$$

로 정의된다. 단 θ은 두 벡터 $\mathbf{v}$와 $\mathbf{w}$의 사잇각이다.

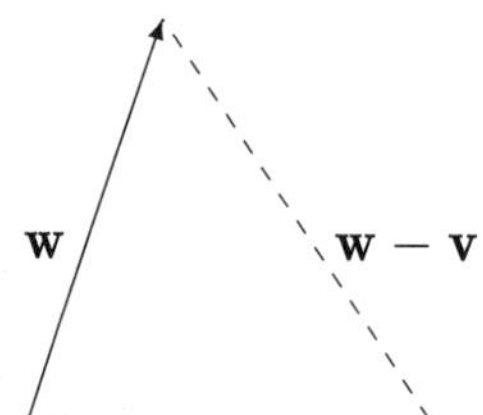

삼각형에 대한 코사인 제 2법칙을 적용하면 두 정의가 일치함을 보일 수 있다.

활동문제 A.1: 두 벡터 $\mathbf{v} = (v_1, v_2, v_3)$와 $\mathbf{w} = (w_1, w_2, w_3)$에 대하여

$$\| \mathbf{v} \| \| \mathbf{w} \| \cos\theta = v_1 w_1 + v_2 w_2 + v_3 w_3$$

를 증명하라. 단 θ은 두 벡터 $\mathbf{v}$와 $\mathbf{w}$의 사잇각이다.

두 정의가 같음을 이용하여 다양한 성질을 증명할 수 있다.

보조정리 A.4

벡터 $\mathbf{u}$, $\mathbf{v}$와 $\mathbf{w}$와 실수 a, b에 대하여

- $|\mathbf{v}\cdot\mathbf{w}| \leq \| \mathbf{v} \| \| \mathbf{w} \|$
- $\mathbf{v}\cdot\mathbf{w} = \mathbf{w}\cdot\mathbf{v}$
- $a(\mathbf{v}\cdot\mathbf{w}) = (a\mathbf{v})\cdot\mathbf{w} = \mathbf{v}\cdot(a\mathbf{w})$
- $\mathbf{u}\cdot(a\mathbf{v}+b\mathbf{w}) = a\mathbf{u}\cdot\mathbf{v} + b\mathbf{u}\cdot\mathbf{w}$

두 벡터 $\mathbf{v} = (v_1, v_2, v_3)$와 $\mathbf{w} = (w_1, w_2, w_3)$에 대하여 벡터의 크기와 내적의 정의에 의해서

$$\| \mathbf{v} \|^2 \quad = \quad \mathbf{v}\cdot\mathbf{v}$$

을 얻는다. 이를 이용하면 다음과 같은 공식을 증명 가능하다.

활동문제 A.2: 두 벡터 $\mathbf{v}$와 $\mathbf{w}$에 대하여

$$\| \mathbf{v}-\mathbf{w} \|^2 \quad = \quad \| \mathbf{v} \|^2 - 2\mathbf{v}\cdot\mathbf{w} + \| \mathbf{w} \|^2$$

를 증명하라.

A.4 벡터곱(Vector product, Cross product)

두 벡터 $\mathbf{v} = (v_1, v_2, v_3)$와 $\mathbf{w} = (w_1, w_2, w_3)$에 대하여 벡터곱에 대한 정의를 소개하기에 앞서 두 벡터에 동시에 수직인 벡터를 찾아보자. 벡터 $\mathbf{X} = (x, y, z)$가 두 벡터 $\mathbf{v}$와 $\mathbf{w}$에 동시에 수직이라 가정하자. 여기서 두 벡터가 평행하다면 수직인 벡터를 하나의 방향으로 고정할 수 없다. 따라서 두 벡터는 서로 평행하지 않다고 가정하자. $\mathbf{X}\cdot\mathbf{v} = 0 = \mathbf{X}\cdot\mathbf{w}$ 를 풀면

$$v_1x + v_2y + v_3z = 0$$
$$w_1x + w_2y + w_3z = 0$$

이다. 이를 다음과 같이 바꿀 수 있다.

$$\begin{pmatrix} v_1 & v_2 \\ w_1 & w_2 \end{pmatrix}\begin{pmatrix} x \\ y \end{pmatrix} = \begin{pmatrix} -v_3z \\ -w_3z \end{pmatrix}$$

이 식을 변수 x, y에 대해 풀면

$$x = -\frac{(v_3w_2 - v_2w_3)}{(v_1w_2 - v_2w_1)}z, \quad y = -\frac{(v_1w_3 - v_3w_1)}{(v_1w_2 - v_2w_1)}z$$

를 얻는다. 변수 x, y가 변수 z에 대해 표시되므로 벡터

$$\mathbf{X} = z\left(-\frac{(v_3w_2 - v_2w_3)}{(v_1w_2 - v_2w_1)}, -\frac{(v_1w_3 - v_3w_1)}{(v_1w_2 - v_2w_1)}, 1\right)$$

이다. 모든 z에 대해 벡터 $\mathbf{X}$는 두 벡터 $\mathbf{v}$와 $\mathbf{w}$에 수직이다. 따라서 $z = v_1w_2 - v_2w_1$라 두면

$$\mathbf{X} = \left(v_2w_3 - v_3w_2, v_3w_1 - v_1w_3, v_1w_2 - v_2w_1\right)$$

를 얻는다. 모든 z에 대해 수직조건을 만족하므로, 왜 $z = v_1w_2 - v_2w_1$라 두었는지 생각해보자. 값 z을 조정한다는 것은 벡터 $\mathbf{X}$의 크기를 조절한다는 것이다. 그래서 벡터의 크기를 계산해보자

$$\begin{aligned}
\| \mathbf{X} \|^2 &= (v_2w_3 - v_3w_2)^2 + (v_3w_1 - v_1w_3)^2 + (v_1w_2 - v_2w_1)^2 \\
&= {v_2}^2{w_3}^2 + {v_3}^2{w_2}^2 + {v_3}^2{w_1}^2 + {v_1}^2{w_3}^2 + {v_1}^2{w_2}^2 + {v_2}^2{w_1}^2 \\
&\quad - 2(v_2v_3w_2w_3) - 2(v_1v_3w_1w_3) - 2(v_1v_2w_1w_2) \\
&= ({v_1}^2 + {v_2}^2 + {v_3}^2)({w_1}^2 + {w_2}^2 + {w_3}^2) - {v_1}^2{w_1}^2 - {v_2}^2{w_2}^2 - {v_3}^2{w_3}^2 \\
&\quad - 2(v_2v_3w_2w_3) - 2(v_1v_3w_1w_3) - 2(v_1v_2w_1w_2) \\
&= ({v_1}^2 + {v_2}^2 + {v_3}^2)({w_1}^2 + {w_2}^2 + {w_3}^2) - (v_1w_1 + v_2w_2 + v_3w_3)^2 \\
&= \| \mathbf{v} \|^2 \| \mathbf{w} \|^2 - (\| \mathbf{v} \| \| \mathbf{w} \| \cos\theta)^2 \\
&= \| \mathbf{v} \|^2 \| \mathbf{w} \|^2 \sin^2\theta
\end{aligned}$$

벡터 $\mathbf{X}$의 크기는 두 벡터 $\mathbf{v}$와 $\mathbf{w}$로 이루어진 평행사변형의 넓이가 된다.

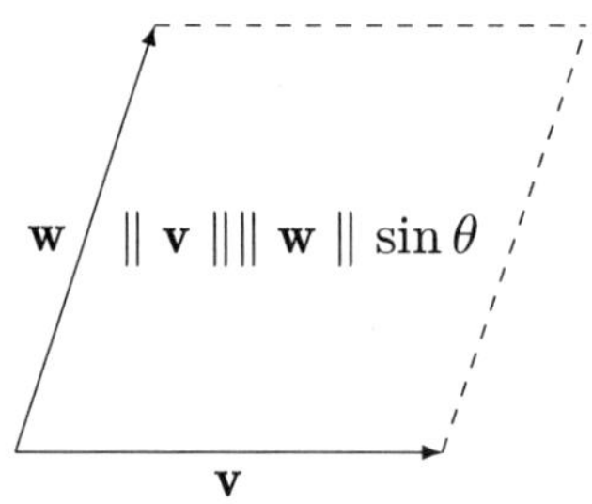

정의 A.5: 두 벡터 $\mathbf{v} = (v_1, v_2, v_3)$와 $\mathbf{w} = (w_1, w_2, w_3)$에 대하여 벡터의 벡터곱을

$$\mathbf{v} \times \mathbf{w} = \left(v_2w_3 - v_3w_2, v_3w_1 - v_1w_3, v_1w_2 - v_2w_1\right)$$

이라 정의한다.

활동문제 A.3: 두 벡터 $\mathbf{v} = (v_1, v_2, v_3)$와 $\mathbf{w} = (w_1, w_2, w_3)$에 대하여 벡터의 벡터곱을 원래의 정의에 반대방향 즉 $-(v_2w_3 - v_3w_2, v_3w_1 - v_1w_3, v_1w_2 - v_2w_1)$로 정의한다면 원래 정의와의 차이점을 서술하시오. (힌트 : 오른손좌표계, 왼손좌표계)

벡터곱을 잘 표현하기 위하여 행렬의 행렬식(determinant of matrix)에 대한 정의를 살펴보고자 한다.

정의 A.6: 행렬 $A = \begin{pmatrix} a & b \\ c & d \end{pmatrix}$ 의 행렬식

$$\det A = \begin{vmatrix} a & b \\ c & d \end{vmatrix} = ad - bc$$

로 정의한다. 행렬 $A = \begin{pmatrix} a_{11} & a_{12} & a_{13} \\ a_{21} & a_{22} & a_{23} \\ a_{31} & a_{32} & a_{33} \end{pmatrix}$ 의 행렬식

$$\begin{aligned}\det A &= \begin{vmatrix} a_{11} & a_{12} & a_{13} \\ a_{21} & a_{22} & a_{23} \\ a_{31} & a_{32} & a_{33} \end{vmatrix} \\ &= a_{11}\begin{vmatrix} a_{22} & a_{23} \\ a_{32} & a_{33} \end{vmatrix} - a_{12}\begin{vmatrix} a_{21} & a_{23} \\ a_{31} & a_{33} \end{vmatrix} + a_{13}\begin{vmatrix} a_{21} & a_{22} \\ a_{31} & a_{32} \end{vmatrix} \\ &= a_{11}(a_{22}a_{33} - a_{23}a_{32}) - a_{12}(a_{21}a_{33} - a_{23}a_{32}) + a_{13}(a_{21}a_{32} - a_{31}a_{22})\end{aligned}$$

로 정의한다.

참고 A.7: 두 벡터 $\mathbf{v} = (v_1, v_2, v_3)$와 $\mathbf{w} = (w_1, w_2, w_3)$에 대하여

$$\begin{aligned}\mathbf{v} \times \mathbf{w} &= (v_2w_3 - v_3w_2, v_3w_1 - v_1w_3, v_1w_2 - v_2w_1) \\ &= (v_2w_3 - v_3w_2)\mathbf{U_1} + (v_3w_1 - v_1w_3)\mathbf{U_2} + (v_1w_2 - v_2w_1)\mathbf{U_3} \\ &= \mathbf{U_1}\begin{vmatrix} v_2 & v_3 \\ w_2 & w_3 \end{vmatrix} - \mathbf{U_2}\begin{vmatrix} v_1 & v_3 \\ w_1 & w_3 \end{vmatrix} + \mathbf{U_3}\begin{vmatrix} v_1 & v_2 \\ w_1 & w_2 \end{vmatrix} \\ &= \begin{vmatrix} \mathbf{U_1} & \mathbf{U_2} & \mathbf{U_3} \\ v_1 & v_2 & v_3 \\ w_1 & w_2 & w_3 \end{vmatrix}\end{aligned}$$

정의 A.7: 세 벡터 $\mathbf{u} = (u_1, u_2, u_3)$, $\mathbf{v} = (v_1, v_2, v_3)$와 $\mathbf{w} = (w_1, w_2, w_3)$에 대하여 $\mathbf{u} \cdot \mathbf{v} \times \mathbf{w}$를 세 벡터의 삼중곱(triple product)이라 한다.

참고 A.8: 세 벡터의 삼중곱은 다음과 같이 세 벡터를 행벡터로 하는 행렬의 행렬식과 같다.

$$\begin{aligned}\mathbf{u}\cdot\mathbf{v}\times\mathbf{w} &= (u_1,u_2,u_3)\cdot(v_2w_3-v_3w_2, v_3w_1-v_1w_3, v_1w_2-v_2w_1)\\ &= \begin{vmatrix} u_1 & u_2 & u_3\\ v_1 & v_2 & v_3\\ w_1 & w_2 & w_3\end{vmatrix}\end{aligned}$$

활동문제 A.4: 삼중곱 $\mathbf{u}\cdot\mathbf{v}\times\mathbf{w}$의 절댓값이 세 벡터 $\mathbf{u}$, $\mathbf{v}$와 $\mathbf{w}$로 이루어진 평행육면체의 부피임을 설명하라.

참고 문헌

[1] 배럿 오닐 지음, 이승훈 · 한동승 옮김, 《미분기하학》, 경문사, 2003.

[2] 앤드류 프레슬리 지음, 전재복 · 채영도 · 김병학 옮김, 《미분기하학입문》, 경문사, 2009.

[3] 윤갑진 지음, 《미분기하학》, 경문사, 2012.

[4] 최대호 지음, 《미분기하학》, 경문사, 2015.

찾아보기

| 예비 교사를 위한 |

곡선 이야기

지은이 변지수
펴낸이 조경희
펴낸곳 경문사
펴낸날 2020년 8월 1일 1판 1쇄
등 록 1979년 11월 9일 제1979-000023호
주 소 04057, 서울특별시 마포구 와우산로 174
전 화 (02)332-2004 팩스 (02)336-5193
이메일 kyungmoon@kyungmoon.com
facebook facebook.com/kyungmoonsa

값 14,000원

ISBN 979-11-6073-350-1

★ 경문사 홈페이지에 오시면 즐거운 일이 생깁니다.
http://www.kyungmoon.com

한국과학기술출판협회 회원사